미국을 만든 50개 주 이야기

이름에 숨겨진 매혹적인 역사를 읽다

미국을 만든
50개
주 이야기

김동섭 지음

미래의창

들어가며

미국은 다양한 민족과 인종으로 구성된 다민족 국가로 알려져 있지만, 사실 우리가 '미국인'이라고 하면 전형으로 떠올리는 집단은 따로 있다. 인구 통계의 과반수 이상을 차지하는 이들은 인종으로는 백인, 민족으로는 앵글로·색슨족이며, 종교는 개신교를 가진 사람들이다. 여기에 국가의 범주도 추가하면, 식민지 개척 시대에 북미를 찾아온 '영국인들의 후손'이라 할 수 있다. 그러나 미국을 이 한 마디로 간단히 설명하기에는 그 배경이 꽤나 복잡하다.

인류의 역사가 시작된 이래 등장했던 대제국들은 주변국을 복속시키면서 그 판도를 확대해갔다. 로마는 작은 도시 국가에서 시작하여 지중해의 패권을 차지하고 있던 카르타고를 제압하고 강대국이 되었고, 그 이후에는 갈리아(현재의 프랑스와 벨기에)와 브리타니아(잉글랜드)를 정복하여 유럽 전역에 대제국을 건설했다. 정복 전쟁이 수월하기만 한 것은 아니었다. 정복하려는 로마와 정복당하지 않으려는 피정복민 간 문명의 수준에 큰 차이가 없었기 때문이다. 하지만 미국의 경우는 달랐다. 영국이 식민지를 개척할 당시 북미 대륙은

미국을 만든 50개 주 이야기

무주공산이었다. 비록 많은 인디언들이 살고 있었지만 총으로 무장한 영국인들이 이들을 내쫓고 북미 대륙을 통째로 접수하는 것은 시간문제였다. 물론 인디언들을 동부에서 서부로 쫓아내고, 다시 그들을 인디언 보호구역에 가두어 놓기까지는 적지 않은 시간이 필요했다. 이 과정에서 이주민들은 '명백한 운명Manifest Destiny'이라는 명분을 내걸고 미국을 건설하는 것이 신의 섭리라고 주장하며 대서양에서 태평양까지 거침없이 개척해 나갔다.

영국인들과 그들의 후손인 미국인들은 거대한 북미 대륙에 제국을 건설하기 위해서 크게 세 가지 방법으로 걸림돌을 제거했다. 첫 번째, 미국은 정복 전쟁으로 주변에 있는 다른 나라의 영토를 자기 나라로 예속시켰다. 미국 독립 이전에는 영국이 프랑스와의 전쟁으로 캐나다에 지배권을 확보한 바 있으며, 독립 이후에는 동부의 최남단에 있는 스페인령 플로리다를 전쟁으로 미국에 편입시켰다. 두 번째, 독립한 국가를 미합중국의 일원으로 받아들였다. 텍사스의 경우가 여기에 속한다. 텍사스에 정착한 이민자들이 멕시코 정부에 독립을 선포하고 텍사스 공화국이 되자 미국의 연방 정부는 텍사스 공화국을 미국의 주로 받아줬다. 캘리포니아주도 비슷한 과정으로 미국의 주가 됐다. 마지막 방법으로 새 땅을 구입하여 미국 영토에 편입시켰다. 중부의 광활한 루이지애나를 프랑스로부터 매입한 것과, 알래스카를 러시아로부터 사들인 것이 여기에 해당한다. 이렇게 미국은 17세기 초 영국이 버지니아주에 최초의 식민지를 건설한 이후, 19세기 중반 북미 대륙을 하나의 제국으로 완성했다. 역사상 이렇게 빨리 대제국이 탄생한 경우는 그 유례를 찾아보기 어렵다.

이 책은 미국 50개 주와 도시의 이름을 통해 북미 개척 시대부터 19세기까지의 미국 역사를 조망한다. 지명 속에는 그 지방과 도시를 건설한 민족의 이야기와 역사가 고스란히 녹아 있다. 미국의 50개 주와 주요 도시 이름의 유래를 통해 미국의 역사를 마치 조감도를 보듯이 한눈에 살펴보고자 한다. 미국이 어떻게 대서양에서 태평양까지 영토를 확장했는지 그 과정을 이름으로 풀어내는 동시에, 고향을 빼앗긴 원주민들의 애환과 각 주의 독특한 문화나 다양한 에피소드도 소개했다.

미국의 여러 주와 도시에 숨겨진 역사를 알기 위해서는 오늘날의 미국이 탄생하게 된 역사에 대한 사전 지식이 있어야 한다. 따라서 1부에서는 북미 대륙을 정복한 유럽 열강의 식민지 개척사를 먼저 다룬다. 서인도 제도를 발견하고 플로리다에 첫발을 내딛은 스페인, 캐나다의 뉴펀들랜드에 상륙한 프랑스 그리고 메이플라워호를 타고 매사추세츠주에 닻을 내린 영국의 청교도들이 그 주역들이다. 북미 개척의 선구자인 그들은 자신들이 상륙한 곳을 전진기지로 삼아 내륙으로 진출하며 식민지를 건설했다. 플로리다에 상륙한 스페인은 서북쪽으로 진출했고, 캐나다 동부에 정착한 프랑스인들은 미시시피 강을 따라 내려오면서 미국 중부 지방에 식민지를 개척했다. 동부 해안 지방에 정착한 영국인들은 서부로 식민지를 확장하려고 시도했다. 그러므로 이 세 나라는 미국의 어느 한 지점에서 충돌할 수밖에 없었다. 특히 중부 지방의 루이지애나를 영유하고 있던 프랑스는 영국이 식민지를 서부로 확장하는 데 가장 큰 걸림돌이었다. 유럽에서 패권을 놓고 자주 충돌하던 영국과 프랑스는 결국 북미 대륙에서도 한바탕 전쟁을 치렀다. 그 치열한 패권 싸움의 결과는 오늘 미국에서 사용되는 언어가 영어인 것을 보면 쉽게 짐작할 수 있다.

지금은 미국의 시대다. 정확히 말하면, 미국은 제1차 세계대전이 끝난 1918년 이후 100년 이상 초강대국으로 군림하고 있다. 사실 미국이 이만큼 부상하게 된 데는 막강한 국력 이외에도 다른 행운도 있었다. 19세기에 전 세계를 호령했던 대영제국이 영어를 사용했다는 것이다. 미국은 대영제국이 확보했던 영어의 지배력을 그대로 물려받았다. 영국이 하차한 기차에 무임승차하여 대영제국의 영향력을 고스란히 인수받은 것이다.

자, 이제 미국인의 조상인 영국인, 캐나다에 정착한 프랑스인 그리고 가장 먼저 북미 대륙에 식민지를 건설한 스페인 사람들이 어떻게 북미 대륙에 자신들만의 세계를 만들었는지를 그들이 남겨놓은 이름을 통해 살펴보자. 그리고 그 땅의 주인이었지만 땅을 소유한다고 생각하지 않았던 원주민들의 슬픈 이야기도 함께 들어보자. 이름에 숨겨진 열강들의 충돌과 정복의 역사를 따라가다 보면 오늘날의 미국을 한층 더 이해할 수 있을 것이다.

2021년 신춘을 기다리며

목 차

3부　프랑스의 향수　중부 지역

4부 원주민의 발자취 중부 지역

5부 스페인의 후예들 서부 지역

1부

★★★

북미 대륙의
식민지 개척사

스페인,
북미 대륙의 개척자

스페인 역사에서 1492년은 역사의 한 획을 긋는 중요한 해다. 당시 스페인은 카스티야 왕국, 아라곤 왕국, 그라나다 왕국 등으로 나뉘어져 있었다. 기독교 왕국이었던 카스티야와 아라곤은 1480년부터 연합하여 그라나다 왕국을 공격했고, 1492년에 결국 이베리아 반도 남부의 그라나다 왕국을 정복함으로써 이베리아 반도에서 이슬람 세력을 완전히 축출하게 된다. 카스티야 왕국의 이사벨 여왕과 아라곤 왕국(현재의 카탈루냐 지방)의 페르디난도 2세가 결혼하여 통합 왕국을 출범시킨 해이기도 하다. 이 통일 왕국의 이름은 에스파냐España였다.

에스파냐는 과거 로마의 속주屬州인 히스파니아Hispania에서 나온 이름이다.

신대륙 발견, 권력이 뒤바뀌다

카스티야의 막강한 육군과 아라곤의 해군은 이슬람 왕국을 이베리아 반도에서 축출하고 힘의 분출구를 상실한 상태였다. 이 무렵, 이탈리아 제노바 출신 선원 한 명이 이사벨 여왕을 찾아와 항해에 필요한 배와 선원들을 후원해 달라고 요청한다. 그리고 항해 중 신대륙을 발견할 경우 보물의 10분의 1을 받겠다는 조건을 내걸었다. 이 사람이 그 유명한 크리스토퍼 콜럼버스다. 콜럼버스는 이사벨 여왕의 후원으로 항해를 시작해 지금의 서인도 제도에 상륙했다. 그러나 우리가 잘 알고 있듯이 콜럼버스가 죽을 때까지 인도라고 믿었던 이곳은 북미 대륙 인근의 카리브해와 대서양이 맞닿아 있는 곳이었다.

당시 유럽의 제국들은 저마다 국내 정치 문제로 골머리를 앓고 있었다. 영국은 헨리 7세(재위, 1485-1509년)가 장미전쟁(1455-1485년)에서 승리하고 왕위에 올라 튜더 왕조를 개창했기 때문에 해외로 눈을 돌릴 여유가 없었다. 그의 아들 헨리 8세 때도 왕비가 여섯 번이나 바뀌고, 로마 가톨릭과 결별하고 스스로 국교회의 수장이 되는 등 왕실의 혼란은 극에 달했다. 한편, 훗날 해양 강국으로 떠오른 네덜란드도 그 당시는 아직 스페인의 속국이었다. 전통적인 강국인 프랑스 역시 백년전쟁(1337-1453년)으로 왕국 전역이 폐허가 된 상태였다. 프랑스는 백년전쟁 중에 영국에게 빼앗겼던 노르망디를 1450년에 수복했고, 북부의 항구 도시 칼레를 1558년이 되어서야 되찾았다. 이렇듯 프랑스는 백년전쟁이 끝나고도 100년 동안 영국 세력을 본토에서 완전히 몰아내는 데에 골몰하고 있었다. 오직 통합 왕국으로 재탄생한 스페인과 포르투갈만이 해외로 눈을 돌려 새로운 대륙으로 진출할 능력을 가진 왕국이었다.

이 두 왕국은 신대륙을 발견하자 남미 대륙의 기득권을 놓고 분쟁을 벌이게 된다. 그러자 당시 교황이었던 알렉산더 6세는 중재안을 내놓는데, 그것이 1494년 6월 7일 체결된 토르데시야스조약의 출발

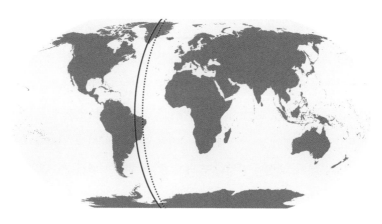

토르데시야스조약 이후 양분된 세계.

점이다. 스페인의 도시 토르데시야스에서 체결된 이 조약은 아프리카 서쪽에 위치한 카보베르데섬을 기점으로 남북으로 선을 그어 동쪽은 포르투갈이, 서쪽은 스페인이 차지한다는 내용이다. 이 조약을 현재의 국경에 적용하면 남미 대륙의 동쪽인 브라질은 포르투갈에 속하고, 서쪽(아르헨티나, 중미, 멕시코)은 스페인에 속한다. 현재 브라질에서만 포르투갈어를 사용하고 나머지 남미 국가에서는 스페인어를 사용하는 이유가 여기에 있다. 지도에 보이는 점선은 1493년 교황의 칙서에 따른 경계선이고 그 옆의 실선은 이듬해 토르데시야스조약에 의해 확정된 경계선이다. 이 조약으로 포르투갈은 남미에서 브라질에 대한 영유권을 지켰을 뿐만 아니라, 후추의 산지인 인도를 손에 넣을 수 있었다. 반면에 스페인은 브라질을 제외한 남북 아메리카 전체의 기득권과 필리핀을 얻게 됐다.

그렇다면 왜 교황은 지구의 반을 스페인에게 떼어 줬을까? 당시 교황이 스페인의 영토보다 80배 이상 큰 영토(약 1,600만 제곱마일)를 스페인에게 준 것은 가톨릭의 '모범 국가'였던 스페인이 신대륙의 주민들을 가톨릭으로 개종시키라는 의미였다. 하지만 교황의 선물은 '독이 든 성배'였다. 카를 5세(신성 로마 제국 황제)의 아들 펠리페 2세는 신대륙에서 나오는 엄청난 금과 은으로 유럽의 개신교도들을 탄압했고, 그 결과 종교전쟁이 일어나 스페인은 유럽의 일류 국가의 자리에서 내려와야 했다. 이는 훗날 영국이 스페인의 무적함대를 격파하고 신흥 강국으로 도약하는 계기가 된다.

　토르데시야스조약으로 브라질을 제외한 모든 지역에서 기득권을 획득한 스페인은 서인도 제도를 전초기지로 삼아 본격적으로 아메리카 대륙에 진출한다. 스페인은 멕시코의 마야 문명과 아즈텍 문명을 파괴하며 중미 대륙을 정복했고, 남미 페루의 잉카 문명까지 멸망시킨다. 페루 왕국을 정복할 때 동참했던 한 젊은 탐험가가 바로 신대륙 개척사에 빠지지 않고 등장하는 인물, 에르난도 데 소토다. 북미 대륙에 들어간 최초의 유럽인이자 이후 플로리다의 총독으로 임명되기도 했던 소토는 1539년부터 약 4년 동안 지금의 플로리다, 조지아, 사우스·노스캐롤라이나, 앨라배마, 테네시, 아칸소, 오클라호마 등지를 답사한다. 소토의 끈질긴 탐험과 정복에 대한 욕구를 단적으로 보여주는 일화가 있다. 당시 북미 대륙에 금이 있다는 소문을 듣고 소토는 이 지역들을 답사하면서 누군가를 만날 때마다 황금이 어디 있냐고 물었다. 그들은 하나같이 "좀 더 가보시오"라고 대답했고 소토는 하염없이 미시시피강을 따라 나아가다가 결국 강변에서 죽음을 맞는다.[1]

　이렇게 북미 대륙에 첫발을 내딛은 스페인 사람들은 지금의 멕시코 지역에서 북쪽으로 진출했고, 오늘날의 미국 서부와 중부 지방에 거대한 식민지를 건설했다. 그들은 이곳을 '뉴스페인New Spain'이라 부르고 스페인 부왕副王의 직속령에 편입시켰다.

19세기 초반 뉴스페인(1535-1821년)의 최대 영토.

위의 지도는 북미 대륙에서 스페인 영토가 최대였던 19세기 초반 뉴스페인의 모습을 보여준다. 시대순으로 스페인의 영토가 어떻게 확대되었는지 간단히 정리하면 다음과 같다.

- 1492년: 콜럼버스의 서인도 제도 발견(지금의 쿠바와 아이티).
- 1519년-1521년: 멕시코 정복.
- 1598년-1821년: 뉴멕시코 지배.
- 1762년: 프랑스로부터 루이지애나를 할양 받음.

미국을 만든 50개 주 이야기

- 1769년-1821년: 캘리포니아 지배.

- 1821년: 스페인으로부터 멕시코 독립.

스페인과 영국의 차이

스페인과 영국의 식민지 개척 방식은 확연히 달랐다. 영국은 초기에 원주민들과 원만한 관계를 유지했으나, 인구가 팽창하자 원주민들을 그들의 땅에서 몰아내기 시작했다. 반면, 북미에 먼저 식민지를 건설한 스페인은 영국과 다르게 원주민들과 융화되는 정책을 폈다. 많은 스페인 사람들이 원주민과 결혼해 식민지에 정착했고, 그 결과 혼혈 자손들이 태어났다.

식민지 건설의 방식 또한 달랐다. 영국의 경우 신대륙에 진출하고 싶어 하는 회사에 국왕이 특허장을 주는 방식으로 식민지를 건설했다. 하지만 스페인은 북미에서 새롭게 개척한 플로리다, 멕시코, 캘리포니아 식민지를 스페인의 부왕령으로 삼아 스페인 왕이 직접 통치했다. 이러한 차이가 스페인이 지배하고 있던 멕시코보다 미국이 먼저 북미 대륙에서 독립을 쟁취한 요인일지 모른다.

그러나 스페인의 아메리카 대륙 정복은 결론적으로 스페인 사회의 질서를 파괴하는 결과를 낳았다. 아메리카에서 들어오는 막대한 은 덕분에 스페인은 전 세계를 호령할 수 있었지만, 더 이상 국민의 경제적 지원이 필요하지 않게 된 국왕이 절대군주 정치를 유지하는 바람에 일반 국민과 귀족 사이에서 중산층이 형성되지 않았다. 반면 영국은 왕실과 의회가 권력을 양분하고, 의회는 중산층의 요구를 충실히 반영하는 등 권력의 균형을 이루고 있었다. 영국은 중산층의 등장으로 국력이 점차 강해졌고, 스페인을 능가하게 된다.

저명한 역사학자 존 H. 엘리엇은 아메리카에서 스페인의 식민지는 실패하고 영국의 식민지는 성공한 이유를 다음과 같이 설명한다.[2] 스페인은 초반에 신대륙의 원주민들을 몰살하고 적이 없는 제국을 일구었지만, 북미에 정착한 영국인들은 항상 원주민들의 위협 속에 노출되어 있었다. 게다가 국가가 식민지 건설을 주도했던 스페인과는 다르게 영국은 식민지 경영에 크게 관심을 보이지 않았고, 국가 주도의 용의주도한 개발이 아닌 난개발에 가깝게 식민지를 건설했다. 그 결과 스페인은 식민지에서 생산되는 막대한 은에 만족하며 안일한 태도를 고수했지만, 영국인들은 각자도생으로 식민지에서 살아남기 위한 방법을 강구해야 했다. 그들은 독립성, 진취성, 자아실현 의지나 혁신 정신이 뛰어나다고 평가받았으며, 이러한 정신이 영국인들이 신대륙에서 성공하는 데 기폭제로 작용했다.

카를 5세, 해가 지지 않는 제국을 이루다

1492년 이사벨 여왕의 후원을 받아 신대륙을 발견한 통합 스페인 왕국에 행운이 찾아왔다. 프랑스와 영국 같은 경쟁국들이 국내 사정 탓에 해외로 눈을 돌릴 틈이 없어 신대륙이 주인 없는 땅으로 방치되면서 스페인의 시대가 열린 것이다. 그러나 호사다마라 했던가. 이사벨 여왕에게는 아들이 없고 딸들만 있었다. 그중에서 장녀 후아나는 합스부르크 왕가의 펠리페 1세와 결혼했다. 합스부르크 왕가가 후아나 왕녀를 점 찍은 이유는 결혼으로 통합 스페인 왕국을 자신의 가문 수중에 넣기 위함이었다. 이후 합스부르크 왕실에 불행과 행운이 함께 찾아왔다. 후아나와 펠리페 1세가 결혼한 지 딱 10년이 되던 해, 펠리페 1세는 스페인 왕위를 물려받았지만 얼음이 들어간 찬물을 마시고 급사한다. 그의 나이는 고작 28세였다. 합스부르크 왕가의 정략결혼이 뜻하지 않은 암초를 만난 것이다. 하지만 펠리페와 후아나 사이에는 여러 명의 자녀가 있었다. 그중 장남 카를이 1516년 스페인 국왕 자리에 올랐다. 이후 1530년에 신성로마제국의 황제이자 합스부르크 왕가인 조부 막시밀리안 1세가 서거하자 카를은 왕가의 영토를 상속하며 신성로마제국의 황제가 됐다. 펠리페 1세의 요절이 합스부르크 왕가에게는 뜻하지 않은 불행이었지만, 스페인 왕국의 카를이 신성로마제국의 황제(카를 5세)에 등극하면서 합스부르크 왕가는 사실상 유럽의 패권을 모두 거머쥐었다.

다음 지도는 신성로마제국의 카를 5세(스페인 왕국에서는 카를로스 1세)가 통치하던 16세기 전반 유럽의 판도를 보여준다. 카를 5세는 조부 막시밀리안 1세로부터 신성로마제국을, 조모인 부르고뉴 여공

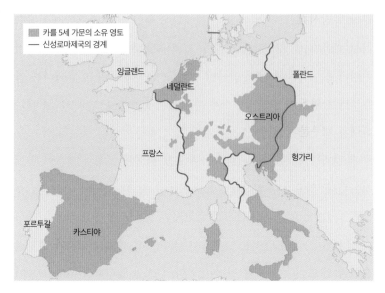

범례:
- 카를 5세 가문의 소유 영토
- 신성로마제국의 경계

잉글랜드
네덜란드
폴란드
오스트리아
프랑스
헝가리
포르투갈
카스티야

16세기 전반 유럽에서의 카를 5세의 영토를 보여주는 지도. 카를 5세는 유럽 대륙과 아메리카 대륙을 아우르는 대제국을 세운다.

마리로부터는 프랑스 동부의 부르고뉴 공국과 저지대의 플랑드르(벨기에와 네덜란드)를 물려받았다. 스페인 왕국은 후아나에게 상속권이 있었으나, 남편 펠리페 1세의 급사로 그녀가 정신을 잃으면서 카를 5세는 어머니 후아나와 함께 스페인 왕국의 공동 군주가 됐다.

카를 5세는 외조모인 이사벨이 발견한 북아메리카 신대륙에 본격적으로 식민지를 건설하기 시작했다. 1521년 에르난도 코르테스가 이끄는 500여 명의 스페인 군대는 멕시코의 마야 문명과 아즈텍 문

미국을 만든 50개 주 이야기

명을 멸망시켰고, 1532년에는 피사로가 고작 180명의 군대로 페루의 잉카 문명을 사라지게 만들었다. 1539년 에르난도 데 소토가 플로리다를 탐험하고 그 지방의 총독으로 임명됐다. 이 모든 역사적 사건들이 카를 5세의 치하에서 일어난 일이다. 카를 5세의 제국은 유럽 대륙의 대부분과 아메리카 대륙을 아우르는 '해가 지지 않는 제국'으로 부상했다. 하지만 유럽의 라이벌 프랑스와 영국이 스페인의 독주에 강력한 제동을 걸고 나섰다.

프랑스,
캐나다에서 루이지애나로

프랑스인들의 탐험 정신은 프랑스 북서부 노르망디 지방과 브르타뉴 지방에서 기원했다고 해도 과언이 아니다. 노르망디 지방의 프랑스인들은 북방에서 내려온 바이킹인 노르만족의 후손이다. 이들은 아이슬란드와 그린란드 그리고 북아메리카까지 탐험했던 해양 민족이었다. 기록에 따르면 노르망디인과 브르타뉴인들은 대구를 잡으러 캐나다의 뉴펀들랜드까지 항해하기도 했다고 한다.

프랑스가 북미로 진출하기까지

프랑스의 북미 진출 역사는 스페인만큼 오래됐다. 프랑스의 르네상스 시대를 풍미했던 프랑수아 1세(재위, 1515-1547년)는 스페인과의 전쟁으로 골머리를 앓고 있었기 때문에 신대륙을 탐험할 여력이 없었다. 하지만 경쟁국인 스페인이 이미 아메리카에서 엄청난 금은보화를 들여오고 있다는 소식은 프랑수아 1세의 마음을 흔들었다. 결국 1534년 브르타뉴의 항구 생말로에서 프랑수아 1세의 명을 받은 탐험가 자크 카르티에가 선원 60명을 태우고 대서양을 건넜다. 카르티에는 지금의 캐나다 뉴펀들랜드 어귀에 도착해 자신이 명명한 세인트

뉴펀들랜드를 최초로 탐험한 자크 카르티에의 항해도(1534년).

로렌스강을 따라 일대를 탐험했다.

그곳에서 원주민들과 조우한 카르티에 일행은 원주민들이 자신들의 마을을 가리키며 '카나다Canada'라는 말을 자주 사용하는 것을 듣게 된다. 카르티에는 그 말이 원주민의 땅을 가리키는 말이라고 생각해 훗날 자신이 발견한 땅에 캐나다라는 이름을 붙였다. 사실 이 단어는 원주민의 언어로 '마을'을 뜻한다. 프랑스는 이후에도 총 세 번에 걸쳐 캐나다의 뉴펀들랜드 지방을 탐험하고자 했지만 모험은 실패로 끝나고 말았다. 이후 종교전쟁으로 프랑스 본토 전역이 황폐화되었고, 캐나다는 자연스럽게 사람들의 관심에서 잊혀갔다.

하지만 프랑스 부르봉 왕조의 앙리 4세(재위, 1589-1610년)가 다시 캐나다에 관심을 두기 시작했다. 탐험가인 사뮈엘 드 샹플랭이 앙리 4세의 명을 받고 캐나다 지역에 퀘벡을 건설하고, 인디언과 모피 교역을 하면서 식민지를 개척했다. 캐나다는 퀘벡을 중심으로 프랑스 국왕의 직속령이 되었고, 인구가 급속히 증가했다. 오늘날 캐나다의 공용어가 영어와 프랑스어인 이유가 여기에 있다.

지금의 퀘벡 지방에 정착한 프랑스인들은 정착지를 찾아 점차 남서쪽으로 내려갔다. 남동쪽은 미국의 북동부 해안 지방으로 이미 영국인들이 뉴잉글랜드New England를 건설해 많은 이주자들이 거주하고 있었다. 이 무렵 노르망디 출신의 탐험가 로베르 드 라살은 캐나다에서 서쪽으로 진출하려는 야심이 있었다. 그는 캐나다에서 서쪽으로 이동하여 오대호 주변에 도착했는데, 남쪽으로 방향을 바꿔 내려가자 거기에 큰 강이 흘렀다. 북미 대륙의 북쪽에서 남쪽으로 흐르는 미시시피강을 발견한 것이다. 드 라살은 강을 따라 내려가 미시시피강의 어귀에 도달한 후 자신이 탐험한 지역을 프랑스 왕령으로 선언했다. 그는 귀국해 자신이 발견한 이 땅을 '루이지애나'라고 명명하고 루이 14세에게 바쳤다. 다음 지도는 캐나다와 루이지애나를 포함한 뉴프랑스New France의 최대 판도를 보여준다.

드 라살은 루이 14세에게 루이지애나와 캐나다를 통합하면 프랑스는 대제국이 될 것이라고 보고했다. 물론 이 예상은 맞는 말이었다. 그러나 그런 제국이 탄생하기도 전에 프랑스가 영국과의 전쟁에서

뉴프랑스의 최대 판도. 캐나다의 퀘벡 지방부터 루이지애나를 아우르는 광대한 지역이다.

1803년 미국에 매각할 당시의 루이지애나 영토와 현재 미국의 주. 나폴레옹은 단돈 1,500만 달러를 받고 엄청난 면적의 루이지애나를 미국에 넘겼다.

패하여 뉴프랑스의 캐나다는 영국에게 넘어갔으며(1763년), 루이지애나는 미국에 매각했다(1803년).

　프랑스의 북미 대륙 개척사에서 주요한 사건과 연대를 정리하면 다음과 같다.

　・1534년: 자크 카르티에, 프랑스 국왕 프랑수아 1세의 후원으로 캐나다
　　　　　　(뉴펀들랜드) 발견. 당시 해당 지역을 '신대륙'을 의미하는 테르뇌

　　　　　　　　　　　　　　　　　　　미국을 만든 50개 주 이야기

브Terre Neuve로 명명.

- **1605년:** 캐나다의 아카디아 지방에 포르루아얄Port Royal 건설.

- **1608년:** 사뮈엘 드 샹플랭, 퀘벡 건설.

- **1713년:** 위트레흐트조약에 따라 아카디아를 영국에 양도.

- **1763년:** 프렌치-인디언전쟁에서 영국에 패배. 파리조약에 따라 캐나다,

  미시시피강 서안의 영토(루이지애나의 일부)를 미국에 할양.

- **1777년:** 프랑스, 미국 독립전쟁에 참전.

- **1803년:** 나폴레옹, 루이지애나를 미국에 매각.

영국, 가장 늦게 상륙했지만
최종 승자가 된 나라

통합 스페인 왕국이 콜럼버스를 고용하여 신대륙을 발견했다는 소
식이 영국의 헨리 7세(재위, 1485-1509년)에게 전해졌다. 하지만 헨리
7세는 장미전쟁을 수습하고 이제 막 왕위에 오른 튜더 왕조의 첫 번
째 왕이었기에, 해외로 국력을 팽창하기보다 안정된 왕국을 건설하
는 데 전념했다. 물론 헨리 7세도 영국의 미래가 대양에 달려 있다고
생각하며 함대를 조직하고 조선소를 건설하기도 했다. 하지만 그의
아들 헨리 8세는 개인사 때문에 혼란한 세월을 보내고 있었다. 부왕
이 장미전쟁의 후유증을 치유하는 데 많은 노력을 한 반면, 헨리 8세

는 결혼과 종교·정치적 문제로 왕국의 안정을 유지하기 힘들었다. 영국은 16세기의 대부분을 이러한 혼란 속에서 보냈기 때문에 신대륙을 개척할 여력이 없었다.

한 발 늦은 영국, 새로운 이정표를 찾다

영국이 신대륙에 눈을 돌렸을 때 이미 신대륙으로 가는 길은 스페인의 통제 하에 있었다. 하지만 유럽인의 조상 바이킹이 수단과 방법을 가리지 않고 목적을 이루었듯이, 영국도 스페인을 제압할 방법을 찾았다. '바다의 매Sea Hawks' 혹은 '바다의 개Sea Dogs'라고 불리던 해적을 스페인 제압에 동원한 것이다. 이 무렵 드레이크라는 유명한 해적이 스페인을 공격하여 막대한 금은보화를 영국으로 가져오는 일이 있었다. 영국은 못 본 척하며 해적들이 스페인을 대양으로부터 몰아내도록 지원했고, 마침내 스페인의 무적함대를 격파하고 본격적으로 대양으로 진출하게 된다. 헨리 8세에게 사생아 취급을 받고, 이복자매인 메리 여왕으로부터 생명의 위협을 받았던 여왕 엘리자베스 1세 때의 일이다.

영국이 북미 대륙으로 진출해 개척한 최초의 식민지는 엘리자베스 1세에게 바친 버지니아였다. 영국은 땅의 개발권을 합자회사에 허가해주는 방식으로 식민지를 개척했는데, 버지니아 회사라는 이름으로 영국 런던과 플리머스 두 군데에 이러한 회사가 설립됐다. 영국은 식민지 남쪽의 개발권은 런던 회사에, 북쪽은 플리머스 회사에 주었으나, 플리머스 회사는 얼마 지나지 않아 운영을 실패하고 조용히 사라졌다. 1606년 런던 회사가 버지니아로 보낸 선박 세 척에 나눠 탄 사람들이 최초의 식민지 제임스타운을 건립했다. 버지니아 식민지는 영국이 개척한 최초의 식민지로 북미 대륙 개척에 새로운 이정표를 놓았다.

제임스타운은 당시 영국의 국왕이었던 제임스 1세의 이름을 따서 만들어졌다. 여기서 잠시 제임스 1세에 대해 짚고 넘어가자. 엘리자베스 1세가 후사를 남기지 않고 죽자, 당시 스코틀랜드의 왕(제임스 6세)이었던 그는 잉글랜드의 왕을 겸직하게 된다. 스코틀랜드의 군주로는 제임스 6세가 되고 잉글랜드의 군주로 제임스 1세가 되는 것이다. 제임스 1세가 즉위한 1603년부터 두 왕국은 동군연합同君聯合(두 나라가 한 명의 군주를 섬기는 체제)이 되고, 이로부터 100여 년이 지난 1706년에 마침내 연합 조약을 체결하고 그레이트브리튼 왕국으로 재탄생한다.

한편, 버지니아주에 상륙한 영국 이주자들은 스페인과의 갈등을 피하기 위해 제임스강 상류를 따라 60킬로미터 지점까지 거슬러 올라가 정착한다.[3] 이주자들은 대부분 토지를 경작하여 그 지방에 정착하는 것보다는 황금을 얻는 데 관심이 많았다. 이들 중에서 존 스미스 선장이 뛰어난 지도력을 발휘해 제임스타운을 안정된 식민지로

미국을 만든 50개 주 이야기

만들었다. 그러나 1609년 그가 영국으로 되돌아가자 대부분 이주민들이 질병에 걸려 최초의 이주민 300명 중에서 60명밖에 남지 않았다. 이후에도 제임스타운은 담배 농사로 경제적으로 번영하기도 하지만, 질병과 잦은 인디언들의 공격으로 정착민 수가 다시 급감했다. 결국 제임스타운을 운영하던 버지니아 회사는 파산에 이르렀고, 제임스 1세는 버지니아를 국왕의 직할 식민지로 선포한다.

종교의 자유를 위해 영국을 떠난 사람들

경제적인 목적으로 세워진 버지니아 식민지와는 다르게, 종교적인 이유로 설립된 식민지도 있다. 미국 개척의 역사는 영국 내의 종교적 반목과 그 궤를 같이 한다. 당시 영국에서는 헨리 8세가 로마 가톨릭과 갈등을 빚고 종교개혁을 한다는 명분으로 영국 국교회를 만들어 냈는데, 이를 반대하는 개신교파가 거세게 일어났다. 그중에서도 장로파와 청교도파가 영국 국교회와 첨예한 대립을 했고, 청교도파의 한 분파인 분리파는 영국 국교회에서 나와 순수한 교회를 세워야 한다고 주장했다.

영국 국교회로부터 박해를 받던 분리파는 신앙의 자유를 위해서 영국을 떠날 것을 결심한다. 마침내 1620년 8월 102명의 순례자가 영국의 플리머스 항을 떠났다. 약 두 달 후, 그들은 애초에 가기로 계획했던 버지니아보다 훨씬 북쪽 지방인 코드곶Cape Cod(현재의 매사추세츠주 연안)에 상륙했다. 그리고 그곳을 자신들이 떠나온 영국의 플리머스 항의 이름을 따라 플리머스라고 명명했다. 이들은 배에서 내리기 전에 정치적 공동체를 이룰 것을 서약하는데, 이것이 잘 알려진 메이플라워 서약이다. 서약의 내용을 요약하면 다음과 같다.

- 영국 왕에게 충성한다.
- 아메리카 대륙에 식민지를 건설한다.
- 자치 사회를 형성하여 질서와 안전을 도모한다.
- 평등한 법률을 만들어 관제를 정하고, 여기에 종속할 것을 맹세한다.

플리머스 식민지는 버지니아 식민지와 그 성격이 달랐다. 회사가 건설한 버지니아의 제임스타운과는 달리 플리머스 식민지는 종교적 탄압을 피해 온 청교도들이 건설한 식민지였다. 이후 플리머스 식민지는 매사추세츠와 합병되지만 메이플라워호 안에서 서약했던 플리머스 식민지의 건설 정신은 그대로 계승됐다.

역사학자 폴 존슨은 메이플라워호에는 광신자, 이상주의자, 성직자와 같은 사람들이 있었으며, 이들이 미지의 대륙에 온 것은 지상에 신의 나라를 세우기 위함이었다고 설명한다. 또한 매우 활동적이고 끈질긴 이들의 정신은 후손들에게 그대로 유전되었다고 언급했다.[4]

그러나 플리머스에 정착한 초기 이민자들의 삶은 비참했다. 혹독

1620년 12월 21일 플리머스에 도착한 메이플라워호. 그해 겨울을 넘길 수 있었던 것은 옥수수 농사와 고기잡이를 가르쳐준 친절한 인디언들의 도움 덕분이었다.

한 추위와 식량 부족으로 이민자의 대부분이 목숨을 잃었다. 다행히 그들은 옥수수 농사와 고기잡이를 가르쳐준 친절한 인디언들의 도움으로 죽을 고비를 넘겼다. 그해 10월 첫 번째 추수가 끝난 후, 인디언 덕분에 살아남을 수 있었던 백인들은 원주민들을 초대해 파티를 연다. 이것이 오늘날 미국에서 가장 큰 명절인 추수감사절의 기원이다. 워싱턴 대통령은 1789년의 추수감사절인 11월 29일을 국경일로 선포했고, 이후 11월 넷째 주 목요일로 확정되어 오늘에 이르고 있다. 추수감사절에 칠면조 요리를 먹게 된 것은 인디언들이 칠면조 사육법을 가르쳐 준 데서 비롯되었다고 한다. 이와 관련된 일화를 하나 소개한다.[5]

플리머스에서 첫 추수를 마친 이민자들이 원주민을 초대해 축제를 연 것이 추수감사절의 기원이다.

인디언 사냥꾼과 백인 사냥꾼이 자신들이 잡은 동물을 반으로 나누어 가지기로 하고 같이 사냥했다. 그런데 늘 백인이 야생 칠면조를 갖고 인디언에게는 그보다 못한 까마귀 같은 것을 주자, 참다못한 인디언이 "나는 언제쯤 칠면조를 갖겠다고 말할 수 있는가?"라고 물었다.

여기서 유래된 영어 표현이 'talk turkey', 즉 '솔직하게 터놓고 말하다'라는 뜻의 구어적 표현이다. 북미에 정착한 영국인들과 인디언들의 관계는 칠면조 사냥에서 보듯이 처음에는 우호적이었다. 실제로 이주 초기에 인디언들은 사냥법과 옥수수 재배법을 가르쳐주며

미국을 만든 50개 주 이야기

아사 직전의 백인 이주자들을 살려줬다. 하지만 백인 이주자들의 인구가 폭발적으로 증가하자, 백인들과 인디언들의 관계는 적대적으로 바뀌게 된다. 우리가 알고 있는 인디언들의 수난은 영국의 팽창 정책에서 나온 결과다.

영국의 북미 대륙 식민지 개척사에서 중요한 사건을 다음과 같이 정리해볼 수 있다.

- **1585년:** 모험가 월터 롤리, 로어노크섬에 식민지 건설 시도 실패.
- **1607년:** 존 스미스, 버지니아에 제임스타운 건설.
- **1620년:** 필그림 파더스, 매사추세츠의 플리머스에 도착.
- **1624년:** 제임스 1세, 버지니아 회사의 헌장을 폐지하고 버지니아를 왕립 식민지로 삼음.
- **1763년:** 프렌치-인디언전쟁에서의 승리로 영국이 캐나다와 미시시피 동쪽을 획득.
- **1773년:** 보스턴 차 사건Boston Tea Party 발생.
- **1776년:** 필라델피아에서 <독립 선언> 공포.
- **1783년:** 파리조약으로 미합중국 성립.
- **1845년:** 텍사스 병합.
- **1846-1848년:** 멕시코전쟁.
- **1848년:** 캘리포니아에서 금광 발견.

뉴햄프셔

매사추세츠

뉴욕

플리머스

로드아일랜드

코네티컷

펜실베이니아

뉴저지

델라웨어

버지니아

제임스타운

메릴랜드

노스
캐롤라이나

사우스
캐롤라이나

대서양

조지아

영국이 17세기 초부터 개척
한 북미의 13개 주. 서부는 애
팔래치아산맥으로 막혀서 진
출하기 어려웠지만, 그보다
캐나다에서 내려온 프랑스가
이 지방을 차지하고 있다는
점이 더 큰 걸림돌이었다.

• 1861-1865년: 남북전쟁.

왜 영국이 승자가 됐나?

영국이 1607년에 버지니아주에 제임스타운을 건설할 무렵 남쪽에

미국을 만든 50개 주 이야기

스페인령 식민지, 북쪽에 프랑스령 식민지 그리고 사방에는 원주민인 인디언들이 있었다. 미국에 정착한 영국인들은 사면초가의 형국에 놓였다. 그러나 북미 대륙에 이주한 영국인들은 그 땅이 원주민의 땅이라고 생각하지 않았고, 그들을 외국 세력으로 생각하지도 않았다. 게다가 스페인도 과거의 강국이 아니었다. 하지만 프랑스는 달랐다. 프랑스는 영국이 북미 대륙을 차지하기 위해서 넘어야 할 숙명의 라이벌이었다.

먼저 북미의 패권을 가장 일찍 상실한 스페인의 쇠락 원인에 대해 살펴보자. 사실 스페인이 아메리카 대륙에 당도했을 때만 해도 당시 멕시코에는 무려 2,500만 명이 살고 있었다. 무력으로 원주민들을 정복한다는 것은 사실상 불가능했다. 하지만 유럽인들로부터 전염병인 천연두가 옮아 원주민의 90%가 목숨을 잃었다.

스페인이 북미의 뉴스페인에 대한 지배력을 상실한 가장 큰 원인은 신대륙에서 축적한 막대한 재원을 종교전쟁에 퍼부었기 때문이다. 그 결과 뉴스페인에 대한 통제권은 느슨해졌고, 북미에 정착한 다른 유럽인들(그들은 개신교도들이었다)에게 가톨릭에 대한 원한을 심어줬다. 스페인의 식민 정책과 영국의 식민 정책의 가장 큰 차이는 식민지 개척의 목표였다. 스페인에는 북미 대륙에서 원주민들을 개종하는 것이 최우선 과제였지만, 영국은 인디언들의 개종에 관심이 없었다. 게다가 스페인인들은 아즈텍 여성을 아내로 삼았다. 철저하게 영국인들만의 식민 사회를 건설하려고 했던 영국과는 출발부터 달랐던 것이다. 그렇다고 혼혈 사회가 순수 혈통을 고수하는 사회보다 열등하다는 의미는 아니다. 자신들만의 새로운 국가를 건설하려는 집단과 원주민들과의 동화를 통해 정착하려는 집단이 경쟁했을 때, 전자의 집단이 더 큰 구심력을 갖게 된다는 뜻이다. 북미의 뉴스페인은 이렇게 서서히 힘을 잃고 있었다.

북미의 패권을 놓고 맞붙은 영국과 프랑스의 이야기로 넘어가보자. 프랑스와 영국의 구원舊怨은 역사의 뿌리가 깊다. 1066년 노르망디 공 윌리엄이 잉글랜드를 정복한 이래 두 왕국의 충돌은 시공간을 넘나들며 계속됐다. 유럽에서 사사건건 부딪치던 두 나라는 그 무대를 북아메리카로 옮겨 신대륙의 헤게모니를 놓고 사생결단의 전쟁을 치렀다. 결과는 영국의 승리였다.

그렇다면 영국은 어떻게 북미 대륙에서 프랑스를 몰아내고 승자가 되었을까? 단순히 유럽과 북미에서 벌어진 두 차례의 전쟁, 즉 스페인 왕위 전쟁(1701-1714년)과 프렌치-인디언전쟁이라고 불리는 7년전쟁(북미 1754-1763년, 유럽 1756-1763년)에서 영국이 승리했기 때문일까? 맞는 말이기도 하지만 역사의 흐름은 작은 일에서부터 시작되는 경우가 많다. 그리고 그런 사건들의 원인은 역사에 잘 기록되어 있지 않다. 북미 개척사에서 영국이 프랑스를 이긴 이유를 몇 가지 짚어보려 한다.

먼저 북미 대륙에 건너온 두 나라 주민의 정체성을 비교해보자. 앞서 말한 것처럼 북미 대륙에 이주한 첫 번째 영국인들은 1607년 제임스타운에 정착한 사람들이었고, 두 번째 정착민은 1620년 매사추세츠에 상륙한 청교도들이었다. 전자의 무리는 국왕의 허가를 받아 신대륙에서 부를 축적하기 위해 온 자들이고, 후자의 사람들은 신앙의 자유를 찾아온 사람들이었다. 청교도들은 메이플라워호에서 아메리카 대륙에 식민지를 건설할 것을 서약하고 상륙했다. 청교도들은 종교개혁가 캘빈이 주장한 직업 소명설을 신봉하는 자들이었다. 직업 소명설이란 모든 직업이 거룩하다는 평등 의식에서 나온 주장이었다. 이런 점에서 북미에 진출한 영국인들과 프랑스인들은 분명하게 구분됐다.

애초에 프랑스는 캐나다처럼 먼 곳에 식민지를 만들어야 하는 이유를 찾지 못하고 있었다. 16세기 말 유명한 재상 쉴리조차 먼 거리에 있는 영토는 프랑스인의 기풍이나 성격에 맞지 않는다고 생각했다. 게다가 영국은 중산층이었던 청교도들이 중심이 되어 북미로 이주했지만, 프랑스는 프랑스 사회의 중추를 이루고 있던 신교도들(위그노)의 해외 이주를 허가하지 않았다. 국내에서 보호받지 못하는 위그노들을 새로운 땅으로 이주시킬 수는 없다는 것이 프랑스의 입장이었다. 영국인들이 정착한 뉴잉글랜드는 영국과 흡사했지만 다른 점이 있었다. 일단 영국인들의 다수를 차지하는 국교회 신자보다 신교도들이 많았고 세습 귀족도 찾아볼 수 없었다. 반면에 뉴프랑스는 본국인 프랑스 사회를 그대로 옮겨놓은 모양새였다. 뉴프랑스의 수도 퀘벡에는 궁정과 살롱이 생겼고 가문으로 사회적 지위가 결정됐다.

뉴프랑스의 인구가 뉴잉글랜드보다 적었던 이유는 두 나라 사람들의 이주 목적이 달랐기 때문이다. 근본적으로 식민지를 발전시키려면 인구수가 늘어야 하는데, 프랑스인들은 캐나다 식민지에 이주를 목적으로 들어온 사람들이 아니었다. 원주민과 협상을 통해 모피 거래를 하는 것이 그들의 주목적이었다. 그러므로 프랑스 정부가 이주자들에게 토지를 양도하여 그들을 정착시키려는 계획은 처음부터 실패로 돌아갔다. 프랑스 이주자가 많아지면 그만큼 모피 무역의 경쟁도 심해져서 수익성이 낮아질 거라는 생각도 인구 증가를 저해했던 결정적인 원인으로 작용했다.

뒤늦게 뉴프랑스의 인구가 부족한 것을 깨달은 루이 14세는 1665년 처음으로 뉴프랑스에 왕실 관리를 파견했다. 그의 임무는 뉴프랑스에 많은 사람들을 이주시키는 것이었다. 이후 뉴프랑스의 인구는 10년 만에 3배가 되었지만 본국과 식민지와의 간극은 분명히 존재했다. 프랑스의 재무 장관 콜베르는 뉴프랑스의 중심이 캐나다 동부의 몬트리올이 되어야 한다고 판단했지만, 식민지에 파견된 정부의 관리는 뉴프랑스가 서쪽으로 확대되어야 한다고 생각했다. 인구가 팽창하던 뉴잉글랜드가 서쪽으로 그 영역을 확장하려고 호시탐

탐 기회를 노리고 있을 때 프랑스 정부는 몬트리올에 안주하려 했던 것이다.

영국과 프랑스의 두 번째 차이는 종교관이다. 프랑스는 뉴프랑스에 퀘벡(1608년), 트루아리비에르(1618년), 몬트리올(1642년)을 차례로 건설했는데, 이 도시들은 본래 선교를 위해 식민지의 교두보로 건설한 도시들이다. '야만인'이라고 불렸던 원주민들을 가톨릭으로 개종하는 것이 프랑스의 정부의 목표였다. 즉 선교사들의 임무는 원주민의 사회를 파괴하는 것이 아니라, 그들을 개종하여 가톨릭의 세계로 끌어들이는 것이었다. 반면에 뉴잉글랜드의 영국인들은 생각이 달랐다. 원주민들을 개종하는 것에는 관심이 없었고, 원주민들이 식민지 개척에 걸림돌이라고 여겼다. 이는 두 나라의 식민지 확장에 결정적인 차이를 가져오는 요인으로 작용했다. 배타적인 신념을 가진 개신교가 가톨릭에 비해 더 빠르게 영토를 확장할 수 있었던 것이다.

1700년대 초 유럽에서는 스페인의 왕위를 계승하려는 프랑스를 막으려는 전쟁이 일어났다. 치열했던 싸움은 1713년 프랑스와 유럽의 여러 나라들이 위트레흐트조약을 체결하면서 마무리됐다. 이 조약으로 루이 14세의 손자 앙주공 필립이 스페인의 왕위를 계승하고, 그 대신 프랑스는 영국에게 캐나다의 교두보 아카디아와 뉴펀들랜드 그리고 허드슨만을 양도했다. 프랑스가 저물어가는 스페인 왕국을 차지하려고 이제 막 기지개를 켜고 있는 신대륙을 포기한 것이다.

1754년 영국의 식민지 인구는 100만 명에 이르렀지만, 뉴프랑스의 프랑스인들은 8만 명에 불과했다. 이미 북미의 패권은 영국으로 넘어가고 있었다. 프랑스인들이 뉴프랑스로 이주하지 않은 것은 그만큼 본국이 먹고 살기에 편했다는 반증일 것이며, 그중에서도 프랑스 정부가 중산층을 이루던 위그노들의 이주를 막았다는 것이 결정적인 차이다. 결국 북미 대륙의 승자는 영국이 됐다.

프렌치-인디언전쟁, 새로운 백년전쟁

서구 문명의 역사에서 영국과 프랑스만큼 유럽의 패권을 놓고 자주 격돌한 나라도 찾아보기 힘들다. 영국은 비록 백년전쟁에서 프랑스에 패했지만 이를 통해 국가 의식이라는 국민적 공감대를 형성할 수 있었다. 근세에 들어서도 두 나라는 사사건건 충돌하며 대립했다. 두 왕국이 스페인에 비해 신대륙 진출이 늦었던 것에는 종교적인 이유가 큰 몫을 했는데, 종교 문제는 신대륙 개척 이전부터 두 왕국이 유럽의 패권을 놓고 충돌하는 주요한 원인이었다. 영국에서 스튜어트 왕조의 마지막 왕인 앤 여왕이 후계자를 남기지 않고 사망하자, 프랑

스에 망명 중이던 제임스 2세의 아들 제임스 프랜시스 에드워드에게
왕위 계승권이 있었다. 그러나 영국 왕실과 의회는 그가 가톨릭 신
자라는 이유로 이를 거부했다. 프랑스의 경우도 다르지 않았다. 신교
와 구교가 첨예하게 대립하여 국가를 위기의 순간으로 몰고 가자, 앙
리 4세는 종교의 자유를 인정하는 낭트칙령을 공포한다. 하지만 앙리
4세는 대낮의 파리에서 가톨릭 광신도에 의해 암살을 당하고 만다.
스페인이 남미와 북미에 광활한 식민지를 개척하고 있을 때 영국과
프랑스는 이렇게 복잡한 사정에 놓여 있었다.

프랑스와 영국, 대항해 시대에 또다시 격돌하다

르네상스 시대로 넘어오면서 대항해 시대가 열리자 판도가 바뀌었
다. 수백 년 동안 지속된 영국과 프랑스의 충돌은 그 무대가 유럽에
서 신대륙으로 옮겨졌을 뿐 대항해 시대에도 계속됐다. 두 나라의 충
돌은 어차피 승자 독식으로 끝날 운명이었다. 영국은 북미 대륙에 식
민지를 건설했고, 프랑스는 영국 식민지 북쪽에 위치한 퀘벡 지방에
이미 자리를 잡았다. 문제는 프랑스가 세력을 넓히느냐, 아니면 프랑
스보다 뒤늦게 진출한 영국이 프랑스 세력을 몰아내느냐에 달려 있
었다.

다음 지도는 미국이 독립하기 16년 전 북미 대륙의 영토 분포를
보여준다. 1534년 프랑스의 자크 카르티에가 캐나다의 뉴펀들랜드

지방을 탐험했고, 이후 프랑스는 뉴펀들랜드 지방에서 세인트로렌스 만으로 들어가 1608년 지금의 퀘벡을 건설했다. 1607년에는 영국이 동부 지방 버지니아에 제임스타운을 개척했다. 그 후 영국과 프랑스는 북미 대륙에서 영토를 확장하기 위해 끊임없이 충돌한다.

영국에서 온 이주민들이 정착하고 1세기가 지나자 북미 대륙에서 영국령 식민지의 인구가 급증했다. 캐나다에 정착한 프랑스인들은 8만 명에 불과했지만, 동부 지방에 정착한 영국인들의 인구수는 100만 명에 달했다. 영국은 늘어나는 인구가 살 수 있는 새로운 땅이 필요했지만 서쪽이 뉴프랑스에 막혀 있었다. 결국 영국과 프랑스는

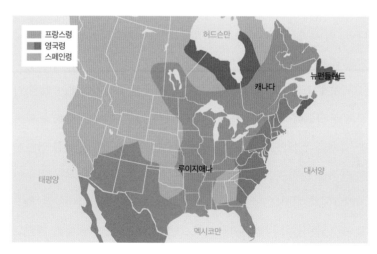

1750년대 북미 대륙의 판도. 프랑스와 영국은 북미 대륙의 패권을 두고 계속 격돌했다.

새로운 백년전쟁을 피할 수 없었다. 이 전쟁을 프렌치-인디언전쟁이라고 부른다.

프렌치-인디언전쟁은 본래 유럽에서 시작된 7년전쟁의 속편이다. 7년전쟁은 오스트리아 왕위 전쟁(1740-1748년)에서 프로이센에게 알짜배기 땅 슐레지엔을 빼앗긴 오스트리아가 이 땅을 되찾기 위해 프로이센과 벌인 전쟁이다. 유럽의 주요 열강들이 모두 참전한 7년전쟁은 마치 제1차 세계대전을 미리 보는 듯했다. 오스트리아 진영에 합류한 국가들은 프랑스, 작센, 스웨덴, 러시아였고, 프로이센을 지원한 국가들은 영국과 하노버 공국이었다. 결국 영국의 지원을 받은 신흥 강국 프로이센이 전쟁에서 승리하면서 슐레지엔 지방을 영유했다. 7년전쟁이 유럽 대륙에서 프로이센의 지배력을 확인한 전쟁이었다면, 이 전쟁의 연장선으로 일어난 프렌치-인디언전쟁은 북아메리카의 헤게모니를 송두리째 바꾸어놓은 전쟁이었다.

북미 대륙의 동부를 차지하고 있던 영국령 아메리카에는 많은 인구가 유입되어 18세기부터 번영을 누렸다. 캐나다에 진출한 프랑스는 퀘벡을 건설하고 오대호 부근을 지나 미시시피강을 따라 남하하며 세력을 넓히고 있었다. 만약 캐나다의 프랑스인들과 중부의 루이지애나에 정착한 프랑스인들이 손을 잡는다면, 영국이 서부로 확장할 수 있는 길이 차단되어버린다. 그렇게 되면 북미 대륙의 패권도 프랑스로 넘어갈 가능성이 컸다. 게다가 프랑스는 부동항인 뉴욕을 손에 넣고 싶어 했다. 결국 영원한 맞수인 영국과 프랑스는 아메리카로 전쟁의 장소를 옮겨 격돌했다.

프렌치-인디언전쟁의 이름만 보면 영국령 아메리카가 프랑스와 인디언 연합군을 상대로 싸운 것처럼 보인다. 물론 인구가 영국에 비해 크게 부족했던 프랑스가 인디언들을 자신들의 편으로 끌어들인 것은 사실이다. 쇼니족, 아베나키족, 오지브와족 인디언들이 프랑스의 편에 서서 싸웠다. 하지만 영국은 강력한 인디언 부족의 연합인 이로쿼이 연맹과 손을 잡았다. 결과적으로 보면 사실상 프렌치-인디언전쟁은 영국과 프랑스가 인디언들을 자기 진영으로 끌어들여 북미 대륙의 패권을 차지하기 위해 벌인 전쟁이었다.

결론부터 말하면 프렌치-인디언전쟁에서 프랑스와 인디언 연합군은 영국에게 패배했으며, 퀘벡의 몬트리올이 함락됐다. 프랑스가 북미 대륙에서 대부분의 인디언들과 우호적인 관계를 유지하고 있었지만 가장 강력한 부족들이었던 이로쿼이 연맹과 손을 잡지 않았던 것이 패인이었을까? 전쟁에서 패배한 결과 1763년 파리조약에 따라 프랑스는 미시시피강 동쪽의 영토를 영국에게 할양하고 카리브해의 제도를 양도받아 설탕 생산지를 확보했다. 북아메리카의 패권보다는 설탕의 생산지를 확보하자는 것이 프랑스의 계산이었지만, 이 결정은 소탐대실小貪大失의 결정판이었다. 스페인도 쿠바를 다시 소유하기 위해 플로리다를 영국에 할양했다. 마침내 북아메리카에 영국보다

미국의 영토 확장 과정.

먼저 진출한 스페인과 프랑스는 전략적 요충지를 영국에 모두 넘기고 말았다. 북아메리카의 뉴프랑스는 이렇게 역사에서 사라졌고, 영국은 서부로 진출할 수 있는 교두보를 확보해 그 영역을 점차 넓혀갔다. 결과적으로 북아메리카의 패권은 영국에게 돌아갔다. 하지만 이 전쟁에서 많은 빚을 진 영국은 10여 년 후에 일어난 미국과의 독립전쟁(1775-1783년)에서 패하고 만다. 역사는 정반합이라는 변증법적 공식이 그대로 적용된 것이 아닐까?

자, 이제 본격적으로 미국 50개 주로 역사 기행을 떠나보자.

2부

★★★

뉴잉글랜드의 탄생
동부 지역

뉴욕,
뉴암스테르담에서 뉴욕으로

State of
New York

별명 제국의 주Empire State

최대 도시 뉴욕New York

인구수 약 1,945만 명(2019년 기준)

한반도 대비 면적 0.62

미연방 가입 1788년 7월 26일(11번째)

미국 동북부에 위치한 뉴욕주는 '뉴욕'이라는 세계 최대의 도시로 잘 알려져 있다. 그런데 이 지방은 본래 아메리카 인디언들 중에서도 델라웨어족, 모히칸족, 이로쿼이족 같은 가장 강력한 부족들이 정착해서 살던 곳이었다. 아메리카 인디언들의 심장부에 세계 최대의 도시가 들어섰다는 사실이 우연처럼 보이지 않는다.

이 지방을 처음으로 탐험한 사람은 이탈리아인 조반니 다 베라차노다. 스페인의 이사벨 여왕이 콜럼버스를 고용해 신대륙을 발견했다는 사실에 고무된 프랑스의 프랑수아 1세는 베라차노를 고용해 식민지 개척에 나섰다. 베라차노는 1524년 지금의 허드슨만에 도착해 탐험을 시작했다. 베라차노의 탐험으로 프랑스가 이 지방을 점령하는 듯했지만, 이 시기는 유럽의 열강들이 신대륙에 교두보를 확보하기 위해서 분주히 움직이고 있던 때였다. 사실상 제일 먼저 뉴욕주에 정착을 한 나라는 네덜란드였다. 허드슨강의 이름 또한 네덜란드인들이 고용한 영국의 탐험가 헨리 허드슨에서 비롯된 것이다.

제국을 위한 자리, 뉴욕

17세기 초 네덜란드는 서인도 회사를 설립해서 부를 축적하고 있었다. 네덜란드인들은 현재 뉴욕주의 주도인 올버니를 건설하고 이곳을 오렌지 요새Port Orange라고 불렀다. 네덜란드의 군주를 오렌지 공公이라고 불렀던 것에서 유래한 지명이다. 네덜란드인들은 지금의 맨해튼섬에도 정착해 요새를 짓고 도시를 세웠다. 이들은 인디언 추장과 협상해 24달러가량의 물품이 든 상자 두 개로 맨해튼 섬을 구입했다. 상자 속에는 전투용 도끼, 옷, 금속 냄비류, 투명 구슬 같이 평범한 물건이 들어 있었다고 한다. 이를 보면 동인도 회사를 운영하며 전 세계에서 무역했던 네덜란드 상인들이 왜 유명한지 알 수 있다. 1625년, 네덜란드인들은 이곳을 뉴암스테르담이라고 부르며 정착해 갔다.

네덜란드인들은 이주자들을 유치하기 위해 '허가권 제도', 즉 봉건 영지주의를 도입했다.[6] 성인 50명에게 4년 동안 이 허가권을 부여했는데, 허가권을 가진 누구나 25킬로미터에 이르는 강 연안을 불하받거나 사냥권과 어로권을 가질 수 있었다. 게다가 자신의 영지에서는 사법권도 행사할 수 있었다. 중세 영주들이 소유하고 있던 영지와 같은 개념의 식민지를 건설한 것이다. 그 결과 1630년부터 허드슨강을 따라 촌락이 형성되기 시작했다. 그러나 시간이 지나자 주변에 정착해 있던 영국인들이 이곳으로 들어와 두 민족이 충돌했다. 결국 영국인들이 네덜란드인들을 몰아내고 맨해튼을 차지한다.

당시 영국의 국왕 찰스 2세는 이 땅을 자신의 동생인 요크 공의 이름을 따서 뉴욕으로 바꾸어 불렀다. 영국의 요크 지방이 잉글랜드 북부에 있는 것처럼, 뉴욕 지방도 미국 동부의 북쪽에 위치하고 있었으므로 이렇게 이름을 붙였을 확률이 높다. 맨해튼이라는 이름은 원래이 지방에 살던 알곤킨족의 언어로 '섬'을 의미하는 말이었다. 현재 맨해튼에서 가장 유명한 월스트리트Wall Street는 과거 네덜란드인들과 인디언들 사이에 충돌이 잦던 지역이었다. 네덜란드인들은 공격을 막기 위해 이곳에 휴전선처럼 섬을 가로지르는 울타리(벽)를 세웠는데 이것이 월스트리트의 기원이다.

뉴욕주의 별명은 '제국의 주Empire State'다. 이 별명이 만들어진 배경에는 여러 설이 있지만, 초대 대통령 조지 워싱턴과 관련되어 있다는 시각이 일반적이다. 미국 독립전쟁 당시, 뉴욕 전투가 벌어지기

오늘날 세계 금융의 중심이 된 월스트리트. 월스트리트는 네덜란드인들과 인디언들 사이를 가로지르는 울타리에서 유래한 지명이다.

▲ 뉴욕주의 주도인 올버니에 있는 주 의회 건물. 네오르네상스식 건축물이다(1867년 완공). 미국의 주도와 대도시가 일치하지 않는 이유 중 하나는 정치와 경제를 분리시켜 조화로운 발전을 이루고자 함이다.

▲ 뉴욕의 엠파이어 스테이트 빌딩.

미국을 만든 50개 주 이야기

전에 워싱턴이 지도를 보고 뉴욕을 '제국의 자리Seat of Empire'라고 부르며 그 전략적 가치를 인정했다. 이후 이 별명은 빌딩 이름에도 쓰여 사람들에게 익숙한 이름이 됐다. 아메리카 인디언들의 심장부이자 제국의 자리인 뉴욕주는 오늘날에도 그 이름에 걸맞게 중요한 역할을 하고 있다.

미국의 언어

미국에서 공용어를 논한다는 것 자체가 이상하게 보일지도 모르지만, 미국의 주에는 공식 언어가 있는 주가 있고 없는 주가 있다. 예를 들어 중부의 미주리주 헌법에는 공용어Official language가 영어라고 명시되어 있지만, 다민족의 비율이 높은 뉴욕주의 헌법에는 공용어라는 용어를 찾을 수가 없다. 미국의 공용어를 가리키는 표현 중에서 라틴어 'De jure'는 '법에 따라' 즉 주정부의 헌법에 따라 공용어를 지정했다는 말이고, 'De facto'는 법적으로 지정되지는 않았으나 '사실상' 사용하는 언어라는 뜻이다. 뉴욕주의 경우 법적인 공용어De jure는 따로 지정되지 않았지만, 사실상De facto 사용하는 언어는 영어이고, 미주리주는 영어를 공식 언어로 헌법에 표기하고 있는 것이다. 현재 영어를 법적인 공용어로 지정한 주는

30개에 이른다. 다시 말해 20개 주는 영어를 공용어로 헌법에 명시하지 않고 있다는 말이다.

미국이 연방 정부 차원에서 공용어를 지정하지 않는 이유는 미국에는 많은 민족과 언어들이 공존하고 있으므로, 언어와 문화의 다양성을 존중하기 위해서다. 뉴욕주의 경우 영어 사용자가 70%에 이르지만, 다른 언어 사용자들도 무시할 수 없는 비율을 차지하고 있다. 이런 주에서는 공용어를 지정하지 않는다. 한편 백인들이 많이 거주하는 중북부와 동부의 일부 주에서는 영어를 공용어로 지정하고 있다. 네브래스카, 노스다코타, 아칸소, 버지니아, 매사추세츠, 미주리주가 그 예다. 다민족 국가인 미국의 언어 사용 분포를 자세히 살펴보자.

- **영어(78.2%)[7]**: 2019년 미국 인구조사국에 따르면 미국 인구 중 백인의 비율은 약 60%다. 물론 백인이 모두 영어를 모국어로 사용하는 사람들은 아니지만, 영어 사용자가 그보다 많은 것은 흑인과 다른 민족의 비율이 더해졌기 때문이다. 영어 사용자의 총 비율은 78.2% 정도다.
- **스페인어(13.4%)**: 스페인어 사용자의 비율이 13.4%라는 것은 북미 대륙에 가장 먼저 들어온 스페인의 후예들이 그만큼 많다는 뜻이다. 캘리포니아주와 텍사스주가 과거에 스페인의 영토였다는 사실을 상기해보자. 1980년 미국 전체 인구의 5%에 불과했던 히스패닉계 주민들은 2019년에 약 18%까지 늘었다.
- **중국어(1.1%)**: 중국계 주민의 이민 역사는 1848년부터 1855년까지의 캘리포니아 골드러시에서 시작된다. 중국인들은 금광 채굴뿐만 아니라 대륙 횡단 철도의 건설에도 동원됐다. 중국인들의 수가 급속도로 늘어나자 미국 정부는 중국인들의 이민을 규제하는 법을 만든다. 결국 1882년 아서 대통령이 '중국인 배척법'에 서명했고, 이 법은 1943년까지 존속했다.

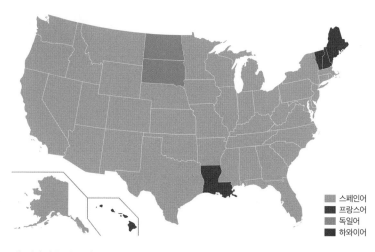

제2언어 사용 분포 지도.

다음 지도는 영어 외에 널리 사용되는 제2언어의 분포를 보여준다. 노란색은 스페인어, 파란색은 프랑스어, 초록색은 독일어, 보라색은 하와이어다. 영어 이외의 공용어를 지정한 주는 뉴멕시코주(영어와 스페인어), 루이지애나주(영어와 프랑스어), 하와이주(영어와 하와이어) 등이 있다. 지도를 보면 스페인어가 미국에서 제2언어로서 압도적인 위치를 차지하고 있음을 알 수 있다. 프랑스어가 제2언어로 사용되는 주의 역사는 프랑스 식민지의 역사와 관련이 깊다. 이와 관련된 이야기는 해당 주의 역사에서 다루기로 하자.

뉴저지,
노르망디 앞바다의 저지섬

State of
New Jersey

별명 정원 주Garden State

최대 도시   뉴어크Newark

인구수   약 888.2만 명(2019년 기준)

한반도 대비 면적   0.1

미연방 가입   1787년 12월 18일(3번째)

오늘날 우리가 아는 미국 연방 정부가 완성되기 전, 북미 대륙에는 먼저 13개의 주가 독립된 '나라'로 설립됐다. 독립전쟁이 끝날 무렵 이 13개의 주가 아메리카합중국이라는 이름으로 연합하게 되는데, 뉴저지주는 이 최초의 13개 주 중 하나다. 위치는 뉴욕주의 남쪽, 펜실베이니아 및 델라웨어주의 동쪽에 있으며 대서양을 맞대고 있다. 녹지가 많아 '정원 주Garden State'라는 별명이 붙었다. 뉴저지주의 이름의 유래를 이해하기 위해서는 프랑스 서북부에 위치한 노르망디를 살펴볼 필요가 있다. 노르망디는 2차 세계대전 당시 연합군이 상륙한 오마하 비치와 세계적인 문화유산 몽생미셸이 있는 지방으로 잘 알려져 있다. 노르망디에서 북쪽으로 뻗은 코탕탱 반도에서 서쪽으로 19킬로미터 떨어진 바다에는 '저지Jersey'라는 작은 섬이 있다. 저지섬은 너비는 16킬로미터에 길이는 남북으로 8킬로미터이며, 인구는 약 8만 7천 명인 작은 섬이다. 그런데 한 가지 특이한 사실은 이 섬에서 프랑스의 노르망디까지의 거리는 19킬로미터에 불과하고, 북쪽의 영국 남부 해안까지는 무려 160킬로미터가 떨어져 있는데, 저지섬이 프랑스 영토가 아니라 영국 왕실령이라는 사실이다. 이는 영국 왕가의 역사와 관련되어 있다.

노르망디 공국의 작은 섬은 어떻게 영국의 영토가 됐나

본래 노르망디는 프랑스 왕의 신하가 다스리던 제후국이었다. 그런데 서기 1066년, 노르망디의 공작인 윌리엄이 잉글랜드 정복에 나선다. 윌리엄은 헤이스팅스 전투에서 잉글랜드의 헤럴드 2세를 물리치고 잉글랜드의 왕위에 오른다. 잉글랜드에서 앵글로·색슨 왕조의 대가 끊어지고 프랑스 계열의 노르만 왕조가 들어선 것이다. 이때부터 두 왕국의 관계는 꼬이기 시작했다. 잉글랜드 왕이 프랑스 왕국 내의 노르망디 공국을 소유하고 있었기 때문이다.

프랑스 왕은 노르망디를 되찾기 위해 모든 수단을 다 동원했고, 마침내 1204년에 프랑스의 필립 2세는 잉글랜드의 존 왕으로부터 노르망디를 되찾았다. 하지만 노르망디 공국에 속해 있던 저지섬은 다시 프랑스에 넘어간 것이 아니라 이후에도 영국 왕의 영지로 남았고, 지금도 영국의 영토에 속한다. 한 가지 흥미로운 사실은 이 섬에서는 영어와 프랑스어가 공용어로 사용되지만, 재판은 프랑스어로 진행된다는 점이다. 행정 기관 중에서 가장 보수적인 사법부의 전통이 중세 이후 지금까지 남아 있는 것이다.

영국 왕, 저지섬 주민에게 감사를 표하다

그렇다면 오늘날 우리가 알고 있는 미국 뉴저지주의 이름에는 왜 노르망디 앞 저지섬의 이름이 붙었을까? 역사의 시계를 영국에서 청교도혁명이 일어났던 1642년으로 맞춰보자. 영국의 국왕 찰스 1세는 아버지 제임스 1세가 주장한 왕권신수설의 신봉자였다. 찰스 1세는 대다수가 장로교도였던 스코틀랜드인들에게 잉글랜드의 국교회를 강요한다. 이런 강압적인 정책은 두 나라 사이에 전쟁으로 비화한다. 찰스 1세는 전쟁에 필요한 세금을 거두기 위해 의회를 장악하려고 시도하지만, 의회는 왕당파와 의회파로 양분되어 영국은 내란의 소용돌이에 빠진다. 결국 청교도들이 주축인 의회파가 내란에서 승리하여 찰스 1세는 처형되고 만다. 영국에서 최초로 국왕이 신하들에게 처형되고 크롬웰이 이끄는 공화정이 들어선 것이다.

부왕 찰스 1세가 처형되자 왕세자인 찰스(훗날의 찰스 2세)의 목숨도 경각에 달렸다. 그는 태양왕 루이 14세가 왕좌를 지키고 있는 프랑스로 피신한다. 왕세자의 어머니 앙리에트 마리가 루이 14세의 고모였기 때문이다. 왕세자는 도버 해협을 건너 곧바로 프랑스로 가지 않고 영국령인 저지섬을 경유하여 망명길에 올랐다. 저지섬 주민들은 찰스 왕세자를 새로운 국왕으로 옹립하고 즉위식까지 올려줬다. 1660년에 영국에서 왕정이 복고되고자 찰스 2세는 프랑스에서 본국으로 돌아온다. 찰스 2세는 망명 당시 자신을 지지해준 저지섬 주민들에게 감사하다는 뜻으로 미국 동부에 새로 개척한 식민지의 이름을 뉴저지 식민지Province of New Jersey로 지었다.

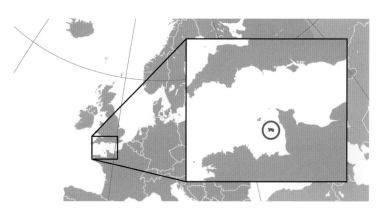

중세 때 노르망디 공국의 섬이었던 저지섬. 노르망디의 윌리엄 공이 영국 왕으로 올라 지금도 영국 왕실의 소유로 남아 있다. 프랑스 속의 영국 섬인 셈이다.

뉴햄프셔,
선거의 주

State of
New Hampshire

별명 화강암 주Granite State

최대 도시 맨체스터Manchester

인구수 약 136만 명(2019년 기준)

한반도 대비 면적 0.1

미연방 가입 1788년 6월 21일(9번째)

뉴햄프셔주는 미국 내 면적 순위는 43위, 인구수는 41위로 규모만
보면 매우 작다. 하지만 4년마다 열리는 대통령 선거 때가 되면, 뉴스
헤드라인에 꼭 뉴햄프셔주의 이름이 올라온다. 그 이유는 미국의 대
통령 선거 방식과 관련이 있다. 미국에서는 선거인단을 통해 후보를
뽑는 간접 선거 방식을 택하고 있다. 공식적인 선거운동을 하기 전에
각 당의 후보를 선출하는 예비선거를 진행하는데, 이 예비선거가 가
장 먼저 실시되는 곳이 바로 뉴햄프셔주다. 한국에서 각 당이 여러
지방을 순회하며 실시하는 당내 경선과 흡사한 방식으로 진행된다.

미국을 만든 50개 주 이야기

뉴햄프셔주의 이름은 영국의 햄프셔 지방에서 유래했다. 이 지방을 처음으로 탐험한 사람들은 영국인들이었을 것으로 추정된다. 이후 프랑스의 샹플랭 같은 탐험가도 이 지방을 거쳐 갔다. 이주 초창기에는 영국인들이 많이 들어왔지만, 뉴프랑스의 붕괴 이후 퀘벡에 살던 프랑스인들이 대거 이주했다. 그 결과 미국의 50개 주 중에서 프랑스계 주민들의 비중이 높은 주이기도 하다.

자유가 아니면 죽음을!

뉴햄프셔의 자동차 번호판에는 주의 모토인 "자유가 아니면 죽음을!Live free or die"이라는 다소 섬뜩한 구호가 적혀 있다. 이 모토에는 어떤 사연이 숨어 있는 것일까?

미국 독립전쟁이 한창이었을 때, 당시 독립군에는 뉴햄프셔 출신의 존 스타크 장군이 용맹을 떨치고 있었다.[8] 전쟁이 끝난 후 스타크 장군은 독립 기념식에 초대를 받는데, 고령에 건강이 약해진 장군은 참가하는 대신 옛 전우에게 편지 한 통을 보낸다. 그 편지에는 "자유

주의 모토가 적힌 뉴햄프셔주의 차량 번호판. "자유가 아니면 죽음을!"이라는 존 스타크 장군의 경고가 담겨 있다.

뉴햄프셔주 맨체스터의 스타크 공원.

가 아니면 죽음을!"이라는 엄숙한 표현이 적혀 있었다. 종교의 자유를 찾아온 청교도의 후손들을 대상으로 또다시 자유를 억압하려는 영국 정부에 보내는 스타크 장군의 준엄한 경고였다. 뉴햄프셔주는 1945년에 이 문구를 주의 모토로 제정해 지금까지 그를 기리고 있다.

개인의 자유를 목숨처럼 중요하게 생각하는 뉴햄프셔에서는 자동차 안전벨트 착용이 의무가 아닌 선택이다. 이는 안전벨트를 안 매는 것은 개인의 자유지만, 죽음 역시 개인의 몫이라는 메시지를 담고 있는 것으로 보인다.

뉴햄프셔의 명물을 하나 꼽자면 사진에 보이는 '산의 노인Old Man of the Mountain' 바위다. 뉴햄프셔의 상징이 된 이 바위는 유명한 작가 너새니얼 호손이 1850년에 발표한 단편소설 〈큰 바위 얼굴〉에 등장하면서 널리 알려졌다. 〈큰 바위 얼굴〉의 줄거리를 간략하게 소개하면 다음과 같다.

주인공 어니스트는 어린 시절부터 얼굴 모양의 바위산을 보며 자랐다. 어머니는 어니스트에게 "언젠가 저 바위산과 닮은 위대한 인물

미국을 만든 50개 주 이야기

너새니얼 호손의 소설 <큰 바위 얼굴>로 잘 알려진 뉴햄프셔주 프랑코니아의 자연 암석 '산의 노인'. 붕괴되기 전 모습이다.

이 나올 것이다"라고 말했다. 어니스트는 이 말을 굳게 믿고 살아간다. 세월이 흘러 어니스트가 성년이 되고, 마을 사람들은 큰 바위 얼굴과 같은 위인이 나타났다고 수군거렸다.

그 첫 번째 인물은 개더골드Gather Gold, 즉 '금을 모으는 자'라는 이름을 가진 사람이었다. 하지만 수전노였던 그는 많은 부를 축적하고도 비참하게 인생을 마감한다. 사람들이 기대했던 위인이 아니었던 것이다. 두 번째 인물의 이름은 올드 블러드 앤 선더Old Blood and Thunder였다. 그는 이름처럼 유혈이 낭자하고 천둥을 불러오는 전쟁광이었다. 세 번째 인물은 '늙은 바위 얼굴'을 뜻하는 올드 스토니 피즈Old Stony Phiz라는 이름의 정치가였다. 하지만 그도 권력과 명예욕에 찌든 타락한 정치가에 불과했다.

네 번째 인물은 시인이었다. 지금까지 어니스트가 보았던 사람 중에서 가장 큰 바위 얼굴과 닮은 사람이었다. 하지만 시인과 대화를 나눈 어니스트는 그도 평범한 인간이라는 것을 알고 실망한다. 그런데 어니스트의 설교를 듣던 시인은 어니스트가 바로 큰 바위 얼굴과 닮은 인물임을 깨닫는다. 시인은 사람들에게 어니스트가 큰 바위 얼굴의 화신이라고 외쳤지만 어니스트는 언젠가는 자신보다 훌륭한 사람이 꼭 나올 것이라고 말하며 연단에서 내려왔다.

이 소설은 진정으로 위대한 사람은 권력이나 부, 명예를 가진 사람이 아니라, 지속적으로 자기를 성찰하고 돌아볼 줄 아는 사람이라는 메시지를 던진다. 하지만 현실은 어떠한가? 우리 주변에는 큰 바위 얼굴을 자처했던 4명과 유사한 사람들이 많지 않은가?

미국의 대통령 선거

미국은 역사상 유례가 없는 민주 국가의 모범을 보인 나라다. 유례가 없다는 것은 두 가지 이유에서 그렇다. 첫째로 인류가 거쳐 온 사회 발달의 단계, 즉 군주제를 거치지 않고 민주 국가를 세웠다는 점이고, 두 번째는 광활한 북미 대륙에 단일 국가를 세웠다는 점이다. 물론 미국은 50개의 주가 연방을 이루고 있고, 민족 구성원들도 다양하다. 하지만 2019년도 통계에 의하면 미국의 전체 인구에서 백인이 차지하는 비율은 60.1%로, 전체 인구(약 3억 2,823만 명) 중에서 무려 1억 9,700만 명이 백인이다. 간단히 말하면 미국은 백인들이 광활한 북미를 정복하고 세운 단일 국가라고 할 수 있다.

미국의 문화 중에서 가장 독특한 제도를 꼽으라면 대통령 선거일 것이다. 미국은 직접 선거가 아닌 간접 선거 방식을 택한다. 유권자들은 대통령 후보에게 투표를 하는 것이 아니라, 특정 후보를 지지하기로 서약한 선거인단에게 투표를 하고, 선거인단이 대통령을 뽑는다. 각 주에 배당된 선거인단들 중 과반을 확보한 후보가 대통령으로 당선된다. 해당 주에서 특정 후보를 지지하는 표가 단한 표만 많아도 선거인단 전체가 그 후보에게 표를 몰아주는 이른바 '승자 독식 winner-takes-it-all'의 방식이기 때문에, 특정 정당을 지지하는 경향이 크지 않은 경합주가 중요한 위치를 차지한다.

2020년 11월 대선에서 미국의 대통령을 선출하는 선거인단은 총 538명이었다. 이는 하원(435명)과 상원(100명)을 더한 수에 워싱턴 D.C.의 선거인단을 합한 수다. 과반수인 270명 이상의 선거인단을 확보한 후보가 대통령이 된다. 538명 중 민주당의 바이든이 306명, 공화당의 트럼프가 232명의 표를 얻어, 과반수를

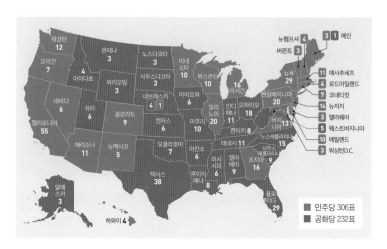

위싱턴 12
오리건 7
아이다호 4
몬태나 3
노스다코타 3
사우스다코타 3
미네소타 10
위스콘신 10
와이오밍 3
네브래스카 4 1
아이오와 6
미시간 16
뉴욕 29
뉴햄프셔 4
버몬트 3
3 1 메인
11 매사추세츠
4 로드아일랜드
7 코네티컷
14 뉴저지
3 델라웨어
5 웨스트버지니아
10 메릴랜드
3 워싱턴D.C.
네바다 6
유타 6
콜로라도 9
캔자스 6
미주리 10
일리노이 20
인디애나 11
오하이오 18
펜실베이니아 20
버지니아 13
캘리포니아 55
애리조나 11
뉴멕시코 5
오클라호마 7
아칸소 6
테네시 11
켄터키 8
노스캐롤라이나 15
사우스캐롤라이나 9
텍사스 38
미시시피 6
앨라배마 9
조지아 16
루이지애나 6
알래스카 3
하와이 4
플로리다 29

■ 민주당 306표
■ 공화당 232표

2020년 미국 대선 선거인단의 투표 결과. 민주당의 바이든이 306표, 공화당의 트럼프가 232표를 얻어 과반 이상을 확보한 바이든이 당선됐다.

차지한 바이든이 대통령에 당선됐다. 그런데 이렇게 중요한 역할을 하는 선거인단은 각각의 주에 어떤 식으로 배분될까? 각주에 할당된 선거인단의 수는 주마다 상이하다. 가장 많은 선거인단이 있는 주는 캘리포니아주로 55명의 선거인단이 있고, 가장 적은 주는 알래스카, 델라웨어, 몬태나, 노스다코타, 사우스다코타주로 각각 3명의 선거인단이 있다. 선거인단의 배분 방식은 인구수에 비례하여 선출하는 하원 선거 방식을 따른다. 그러므로 인구가 증가하면 선거인단의 수는 증가할 수 있다.

하지만 선거인단을 통한 선거는 몇 가지 문제점을 내포하고 있다. 대표적인 사례가 지난 2016년의 대선이었다. 당시 공화당의 트럼프 후보는 304명의 선거인단을 확보하여 227명의 선거인단을 확보한 민주당의 힐러리 후보를 누르고 대통령에 당선됐다. 그런데 트럼프 후보는 전체 유권자의 46.1%, 힐러리 후보는 48.2%의 표를 얻었다. 다시 말해 힐러리 후보는 더 많은 표를 얻고도 선거인단 확보에서 트럼프 후보에게 밀린 것이다.

만약 한국이 미국의 주였다면 몇 명의 선거인단을 할당받을까? 인구가 4천 만 명인 캘리포니아주의 선거인단 수가 55명이므로, 5천만 명 인구의 한국은 69명의 선거인단을 할당받을 것이다. 한국의 인구 규모가 미국의 캘리포니아주 보다 더 크다는 사실을 간접적으로 확인할 수 있는 대목이다.

로드아일랜드,
가장 작지만 가장 긴 이름의 주

State of Rhode Island and Providence Plantations

별명 대양 주Ocean State, 리틀 로디Little Rhody

최대 도시 프로비던스Providence

인구수 약 105.9만 명(2019년 기준)

한반도 대비 면적 0.018

미연방 가입 1790년 5월 29일(13번째)

로드아일랜드주의 공식 명칭은 '로드섬과 프로비던스 식민지'다. 이름만 보면 로드아일랜드주가 마치 섬인 것 같지만 지도에서 보듯이 주의 3면은 내륙과 접해 있고 한쪽만 대서양으로 열려 있다. 이 이름의 유래에는 몇 가지 흥미로운 설이 있다. 첫 번째는 이곳을 처음으로 탐험한 조반니 다 베라차노가 이곳의 해안이 지중해의 로도스섬과 비슷하다고 해 로드아일랜드가 되었다는 것이다. 또 다른 설은 네덜란드의 탐험가 아드리안 블록이 이 지방의 해안이 로도스섬의 붉은 해안과 비슷하다고 해서 네덜란드어로 '로드에일란트Roode

그리스 남쪽의 로도스섬(왼쪽)과 미국 로드아일랜드주의 뉴포트 해안(오른쪽).

Eylandt'라고 불렸고, 프로비던스를 설립한 로저 윌리엄스가 이를 영어식 철자인 로드아일랜드로 바꿨다는 이야기가 있다. 어느 것이 사실이든 간에 로드아일랜드의 이름은 지중해의 그리스 남쪽에 위치한 로도스섬에서 유래한 것임을 알 수 있다.

전쟁과 사건의 중심지, 로드아일랜드

로드아일랜드 식민지가 세워진 배경은 종교 문제와 관련이 깊다. 종교적 신념의 차이로 매사추세츠에서 떠나 망명길에 오른 로저 윌리엄스는 로드아일랜드 식민지를 세우고, 그곳에 '신의 섭리'라는 뜻의 프로비던스Providence 정착지를 건설한다.

본래 청교도였지만 침례교로 교파를 옮긴 그는 종교의 자유를 옹호했으며, 종교와 국가가 분리되어야 한다고 주장했다. 그의 정신은 나중에 미국 헌법의 기초가 된다. 특히 종교와 국가의 분리는 미국 헌법에 그대로 반영되어 있다. 윌리엄스가 세운 프로비던스는 종교의 자유를 보장받을 수 있는 은신처로 자리 잡게 된다.

　미국 독립에 도화선이 된 사건은 보스턴 차 사건(1773년)이라고 알려져 있다. 그런데 이보다 1년 앞서 로드아일랜드에서도 비슷한 사건이 일어났다. 이 사건을 '가스피Gaspee호 방화 사건'이라고 부른다. 가스피호 방화 사건의 주모자들은 '자유의 아들들Sons of Liberty'이라고 불렸던 자들로, 미국의 독립을 위해 결성된 애국 급진파들이었다. 1772년 영국선 가스피호는 세관 통제를 하기 위해서 로드아일랜드 앞 바다에 정박 중이었다. 당시 영국은 미국 식민지가 대영제국 이외의 지역과 직교역을 하는 것을 금지하고 있었다. 당연히 식민지의 주민들은 이에 반발했다. 그러던 중 영국선 가스피호가 독립을 원하는 급진파들의 테러 대상이 된 것이다. 지금도 로드아일랜드의 워릭시는 매년 6월에 이 사건을 기념한다.

　로드아일랜드는 17세기 이후 북미 노예 무역의 거점이기도 했다. 남북전쟁 이전인 19세기 중반까지 아메리카 대륙에 끌려온 아프리카 노예는 약 1,200만 명이었다. 대부분은 카리브해를 통해 중남미 지역으로 갔지만, 북미로도 전체의 5% 정도 되는 60만 명이 흡수됐다. 그 중 약 10만 명이 로드아일랜드를 거쳐갔다.[9] 그래서 식민지 시절 로드아일랜드의 프로비던스에는 노예선 선주들이 많이 살았다. '신의

로드아일랜드의 주도이자 최대 도시인 프로비던스.

섭리'라는 이름을 가진 도시에 노예선 선주들이 많이 살았다니 이보다 더한 모순이 있을까? 프로비던스의 노예 선주 중에는 노예 무역으로 막대한 재산을 축적한 브라운이라는 대선주가 있었다. 브라운은 아프리카에서 노예를 데려와 남부의 목화 농장에 팔고, 다시 그곳에서 생면화를 가져와서 방직 공장에 파는 방식으로 많은 부를 모았다고 한다. 브라운은 자신이 사는 마을의 작은 학교에 많은 재산을 기부했는데, 이후 학교는 학교 발전에 크게 이바지한 그를 기리기 위해 이름을 바꾸고 명문 학교로 성장한다. 그 학교가 현재 우리가 알고 있는 미국 아이비리그의 명문 대학 브라운대학교다.

코네티컷,
헌법의 주

State of Connecticut

별명 헌법의 주Constitution State

최대 도시 브리지포트Bridgeport

인구수 약 356.5만 명(2019년 기준)

한반도 대비 면적 0.06

미연방 가입 1788년 1월 9일(5번째)

미국의 북동부 지방에 최초로 정착한 사람들은 네덜란드인이었다. 코네티컷주도 1614년 네덜란드의 탐험가 아드리안 블록에 의해 처음 발견됐다. 블록은 이 지방을 탐험하고 알곤킨족의 언어로 코네티컷이라고 이름을 붙였는데, 이는 '바다로 흘러가는 큰 강 옆의 초원'이라는 의미다. 다른 지역들과 마찬가지로 후에 영국인들이 이 지역에 이주해서 식민지를 건설한다.

코네티컷주의 별명은 '헌법의 주'다. 코네티컷주에서는 1787년 미국 연방 헌법이 제정되기 약 150년 전에 이미 헌법을 만들었다.

1639년 영국의 식민지였던 시절부터 기본령을 만들어 주민 자치를 실시한 것이다. 찰스 2세는 코네티컷 식민지의 자치를 허락했으나, 후임자인 제임스 2세가 이를 뒤집고 코네티컷의 기본령을 인정하지 않았다. 새로 부임한 식민지 총독이 제임스 2세의 명령대로 주민들에게 헌장을 내놓으라고 위협하자 주민이었던 조셉 와즈워스 대위가 이 헌장을 떡갈나무 밑에 숨겼다. 나중에 이 나무가 크게 자라, 지금도 떡갈나무 중에 특별히 큰 나무를 '헌법 떡갈나무'라고 부른다.

현재 코네티컷주는 면적은 작지만 소득이 높은 지역이다. 미국 대통령이 되기 위해서는 백인White, 앵글로·색슨Anglo-Saxon, 개신교 Protestant를 뜻하는 'WASP'의 조건을 충족시켜야 한다는 말이 있을 만큼, WASP는 미국의 주류라고 여겨진다. 이들이 많이 거주하는 주가 코네티컷주다. WASP의 인구가 많다 보니 면적은 50개 주 중에서 세 번째로 작지만, 1인당 소득은 네 번째로 높은 주이기도 하다.

군수 산업의 요지에서 유명인 핵심 배출지로

코네티컷주는 독립전쟁 당시부터 무기를 생산하던 지방이었다. 말하자면 군수 산업이 발달한 곳이었다. 지금도 군용 헬리콥터 같은 장비를 생산하는 대형 군수 업체의 본사가 이곳에 있다. 코네티컷 출신 중에는 유명한 작가들이 많은데, 그중에서《톰 소여의 모험》을 쓴 마크 트웨인과《톰 아저씨의 오두막》의 작가 해리엇 비처 스토가 대표

코네티컷주에 위치한 예일대학교.

적이다. 《톰 아저씨의 오두막》은 순박한 노예 톰이 겪는 인생의 역경
을 다룬 소설로, 노예 제도 폐지를 주장한 스토의 사상이 그대로 담
겨 있다. 1852년 발표된 이 소설이 남북전쟁의 도화선이 됐다는 말도
있을 만큼 큰 반향을 일으켰다. 링컨 대통령이 스토를 만난 자리에서
"당신 같은 작은 여자가 남북전쟁을 일으켰군요"라고 말한 것은 유
명한 일화로 전해온다.

　코네티컷의 도시 뉴헤이븐에는 미국의 명문 대학인 예일대학교가
있다. 본래 예일대학교는 신학 대학이었던 하버드대학교에 수학과가
생기자 신학 대학의 순수성이 훼손되었다며 반발한 보수 성향의 목

사들이 세운 대학이었다. 후에 지금의 위치로 학교를 옮기고 많은 기부를 한 엘리후 예일을 기념하여 학교명을 바꾸게 된다. 하지만 예일대학교에도 수학과 과학 과목이 개설되었고, 점차 종합대학으로 변해갔다. 그중 일부 목사들이 반발하여 또 다른 대학을 세웠는데, 그대학이 프린스턴대학교다. 많은 기업가와 유명인들을 배출한 아이비리그 대학들의 역사가 자못 흥미롭다.

펜실베이니아,
펜의 숲이 있는 땅

Commonwealth of Pennsylvania

별명 주춧돌 주Keystone State, 퀘이커 주Quaker State

최대 도시 필라델피아Philadelphia

인구수 약 1,280만 명(2019년 기준)

한반도 대비 면적 0.52

미연방 가입 1787년 12월 12일(2번째)

펜실베이니아주는 동부에 위치한 다른 주와는 다르게 그 이름의 유래가 독특하다. 펜실베이니아주에 처음으로 정착한 사람들은 스웨덴 사람들이었다. 스웨덴 사람들은 지금의 필라델피아 근처에 정착하고 이 지방을 뉴스웨덴이라고 불렀다. 이후 이 지방은 네덜란드에 넘어갔다가 결국 영국의 식민지가 됐다. 원래는 영국의 요크 공작이 이곳을 통치했으나, 1681년 찰스 2세가 윌리엄 펜Wiliam Penn에게 이 지방의 개척권을 허가해준다. 동부의 다른 주 이름은 당시 영국 군주들의 이름이나 지명에서 유래한 경우가 많지만, 펜실베이니아는 식민지

미국을 만든 50개 주 이야기

를 개척한 윌리엄 펜의 이름에 '숲'을 의미하는 라틴어 'Silva' 그리고 '땅'을 의미하는 '-(n)ia'가 붙어서 만들어진 이름이다.

펜실베이니아에서 신앙의 자유를 누리다

윌리엄 펜은 1644년 런던에서 해군 제독의 아들로 태어났다. 옥스퍼드대학교에 입학한 펜은 명석한 학생이었으나 퀘이커 교파에 지나치게 빠져 대학에서 쫓겨난다. 퀘이커 교파는 프로테스탄트의 한 종파로, 예배를 보다가 너무 감동하여 몸을 떨었다고 해서 퀘이커Quaker(몸을 떠는 자들)라는 조롱 섞인 이름을 얻었다고 한다. 퀘이커 교도인 펜은 1681년 찰스 2세로부터 델라웨어강 서쪽 땅에 대한 지배권을 허가받고 그 땅에 자신의 이름을 붙였다. 펜은 자신이 건설한 펜실베이니아에서 신앙의 자유를 마음껏 누렸다. 윌리엄 펜이 식민지 개척 역사에서 보여준 위대한 치적은 그가 총독이 된 다음부터 드러나기 시작했다. 펜은 양원제 의회 제도를 도입하고, 미국 민주주의의 성지인 필라델피아를 건설했다. 하지만 이러한 공적을 세웠음에도 불구하고, 말년에는 의회와 대립하여 1701년 영국으로 귀국한 후 죽을 때까지 돌아오지 않았다.

펜실베이니아에는 영국인뿐만 아니라

퀘이커 교도였던 윌리엄 펜.

독일인들도 많이 이주했다. 그들은 원론적인 종교개혁을 주장한 초기의 프로테스탄트들이었다. 수세기가 지난 지금도 펜실베이니아주에서는 이들이 사용했던 '펜실베이니아 더치Pennsylvania Dutch'라는 언어가 사용되고 있다. 이 언어가 네덜란드어인 '더치'라고 오해하는 사람들이 많지만, 펜실베이니아 더치는 펜실베이니아에 이주해온 독일인들이 사용하는 독일어, 즉 '도이치Deutsch'를 영국인들이 '더치 Dutch'로 잘못 옮긴 것일 뿐 사실은 독일어 방언이다. 지금도 아미시 교파들은 독일어 방언을 펜실베이니아와 오하이오에서 사용한다. 아미시 교파에 대해서는 오하이오주에서 더 얘기하도록 하자.

미국 독립의 산실, 필라델피아

펜실베이니아에서 가장 큰 도시 필라델피아는 미국 독립의 산실 역할을 한 도시다. 필라델피아는 미국이 독립한 뒤에 한동안(1790-1800년) 미합중국의 수도였으며, 한 때는 보스턴, 뉴욕과 함께 미국의 핵심 도시로 여겨졌다. 필라델피아Philadelphia라는 말은 그리스어 '사랑Phila'과 '형제adelpphos'가 합쳐진 것으로 '우애'를 의미한다. 관용적이고 합리적인 퀘이커 교파가 세운 도시에 걸맞은 이름이다. 실제로 필라델피아는 다른 도시보다 빠르게 유대인과 흑인을 미국 시민으로 받아들였다.

하지만 필라델피아는 미국의 핵심 도시로서의 위상을 점차 상실

필라델피아에 있는 미국 독립기념관.

독립기념관에서 독립 선언을 하는 모습. 8년간의 전쟁 끝에 1783년 9월 3일 파리조약으로 미국은 완전한 독립을 인정받는다.

했다. 인구수에서 이미 뉴욕에 밀렸고, 1890년부터는 시카고에도 밀리기 시작했다. 독립 당시의 옛 수도로서 지닌 정치적 위상도 워싱턴 D.C.에 물려주고 말았다. 그러나 독립의 산파 역할을 한 펜실베이니아가 지난 2020년 대통령 선거에서 바이든 후보가 승리를 확정하는 데 결정적인 역할을 했다. 선거인단의 수가 20명이었던 펜실베이니아를 가져가는 후보가 승세를 굳힐 수 있었기 때문이다. 초반에 열세를 보였던 민주당의 바이든 후보는 막판에 역전하여 대선에 승리할 수 있었고, 미국의 수도를 품었던 펜실베이니아주는 이번에도 세간의 관심을 한 몸에 받았다.

듀케인빌이라는 이름을 얻을 뻔한 피츠버그

펜실베이니아주에서 두 번째로 큰 도시는 피츠버그다. 본래 이 도시는 프렌치-인디언전쟁 때 프랑스군이 전략적 요충지에 세운 뒤켄Duquesne 요새에서 생겨난 곳이다. 하지만 전쟁에서 승리한 영국은 이 요새의 이름을 당시 영국의 수상이었던 윌리엄 피트William Pitt를 기념해 피츠버그로 바꿨다. 미국의 역사는 역시 승자의 역사임을 또 한번 볼 수 있다. 만약 프랑스가 이 전쟁에서 승리했다면 뒤켄빌Duquesneville(뒤켄의 도시)이 되지 않았을까? 물론 발음은 영어식으로 '듀케인빌'이 되었을 것이다. 이 이름은 피츠버그에 있는 듀케인대학교에 여전히 남아 있다.

미국을 만든 50개 주 이야기

델라웨어,
미합중국을 최초로 승인하다

State of Delaware

별명 첫 번째 주 The First State

최대 도시 윌밍턴 Wilmington

인구수 약 97.38만 명(2019년 기준)

한반도 대비 면적 0.02

미연방 가입 1787년 12월 7일(1번째)

델라웨어주는 50개 주 가운데 두 번째로 면적이 작다. 하지만 서울시 면적보다 약 11배 정도 크다. 주목할 만한 점은 델라웨어가 미연방에 가장 먼저 가입한 주라는 것이다. 주의 이름은 프랑스식 이름처럼 'De'로 시작한다. 역사의 타임머신을 타고 과거로 돌아가 보자. 델라웨어에 처음 들어온 유럽인들은 스웨덴인들이었다. 그 다음에는 네덜란드인들이 들어왔지만, 결국 마지막에 들어온 영국인들이 최후의 승자가 됐다. 델라웨어주의 깃발은 스웨덴 국기를 연상시키는데 이는 이 땅에 처음으로 정주한 스웨덴인들과 관련이 있을 것이다.

스웨덴 국기(왼쪽)와 델라웨어 주기(오른쪽). 처음으로 델라웨어주에 정착했던 스웨덴인들을 기념해서 만들었다.

델러웨어강을 낀 비옥한 땅에 숨은 원주민의 슬픔

'델라웨어'는 이 주를 가로지르는 델라웨어강에서 따온 이름으로, 이는 1610년 버지니아 제임스타운의 총독이었던 토마스 웨스트Thomas West의 또 다른 이름, 델라웨어 남작Baron de la Warr에서 유래했다(이 집안은 대대로 델라웨어 남작을 계승하고 있었다). 앵글로·노르만어인 '델라웨어'를 영어로 옮기면 'of the War'가 된다. 앵글로·노르만어는 잉글랜드에서 사용했던 프랑스어계 언어로, 1066년 프랑스의 노르망디 공이었던 윌리엄이 잉글랜드를 정복하면서 프랑스어가 영어 속에 들어가 영향을 준 것이다. 정리하면 델라웨어라는 이름은 프랑스어의 영향을 받은 영어가 유럽에서 미국으로 옮겨온 것이라고 할 수 있다. 미국의 역사에는 이렇게 다양한 민족의 언어가 녹아들어 있다.

델라웨어주는 미국 연방의 독립 지지를 통해 첫 번째로 연방에 가입한 주다. 1770년대 필라델피아에서 13개 주 식민지 대표들이 회의

미국을 만든 50개 주 이야기

를 하고 있을 때였다. 델라웨어 대표단 내부에서는 독립에 대해 찬반 의견이 갈라져 팽팽히 맞서고 있었다. 이때 대표단 중 한 명이었던 시저 로드니는 델라웨어에서 이 소식을 듣고 100킬로미터가 넘는 거리를 달려와 독립에 찬성표를 던졌다. 이로써 델라웨어주는 그 별명 대로 미국 연방 헌법에 서명을 한 '첫 번째 주'가 될 수 있었다.

델라웨어주에는 원주민들의 슬픈 역사도 있다. 펜실베이니아를 개척한 윌리엄 펜이 죽자, 1737년 그의 아들인 존 펜과 토마스 펜은 델라웨어강 지역에 살고 있는 레나페족을 찾아갔다. 그들은 추장 랍파윈소에게 하루 반 동안 걸어서 돌아올 수 있는 땅을 자신들에게 팔라고 제의했다. 추장은 그 정도의 땅을 내어주는 것을 대수롭지 않게 생각하고 제안을 승낙했다. 하지만 간교한 펜 형제는 달리기 선수 14명을 시켜 하루 반 만에 281킬로미터를 걷게 하고 그 땅을 차지해버렸다. 펜실베이니아주 전체에 버금가는 엄청난 델라웨어강 일대의 땅(4,860제곱킬로미터)이 백인에게 넘어간 것이다. 하루아침에 백인들에게 사기를 당한 랍파윈소와 그의 부족들은 격렬하게 항의했지만, 무력으로 진압당하

레나페족의 랍파윈소 추장.

고 결국 그들은 서쪽으로 떠날 수밖에 없었다. 이 계약은 순박한 인디언들이 백인들의 사기로 고향을 빼앗긴 대표적인 사건이었으며, 훗날 이 계약은 '도보 거래Walking Purchase'라는 이름으로 기록됐다. 인디언들은 땅을 소유하거나 매매할 수 있다는 개념 자체가 없었기 때문에 일어난 사건이었다.

세금 부담이 없는 살기 좋은 땅

델라웨어주 이야기를 할 때 빠지지 않는 또 다른 주제가 바로 소비세다. 델라웨어주는 소비세가 없어 세금 부담이 없기 때문에,《포춘》지가 선정한 500대 기업 중에서 60%가 이곳에 본사를 두고 있을 만큼 기업들이 선호하는 지역이다. 주변의 메릴랜드, 버지니아, 펜실베이니아에서 많은 사람들이 물건을 사러 몰려오기도 한다. 물건에 붙는 소비세가 없어 다른 주보다 가격이 저렴하기 때문이다. 80년대 EU가 탄생하기 이전에 휘발유 값이 싼 독일에 가서 기름을 가득 주유하고 돌아오던 프랑스인들이 떠오른다.

미국을 만든 50개 주 이야기

버지니아, 처녀 여왕과 미국 대통령들의 산실

Commonwealth of Virginia

별명 자치령 주The Old Dominion,

대통령 주Mother of Presidents

최대 도시 버지니아비치Virginia Beach

인구수 약 853.6만 명(2019년 기준)

한반도 대비 면적 0.49

미연방 가입 1788년 6월 25일(10번째)

'대통령 주'라는 별명을 가진 버지니아주는 미국 초대 대통령 조지 워싱턴부터, 토머스 제퍼슨, 제임스 매디슨, 제임스 먼로, 존 타일러, 재커리 테일러, 윌리엄 헨리 해리슨, 우드로 윌슨까지 8명의 역대 대통령을 배출한 곳이다. 매사추세츠주와 유사한 시기에 세워진 이 주에는 어떤 역사가 숨어 있을까? 또한 '처녀'라는 뜻을 가진 지명 버지니아는 어떻게 탄생하게 됐을까? 이번에는 역사의 수레를 타고 영국으로 여행을 떠나보자.

처녀 여왕 엘리자베스와 버지니아

영국 역사에서 가장 많은 스캔들을 만들어낸 왕을 꼽으라면 단연 헨리 8세일 것이다. 헨리 8세는 여섯 번의 결혼을 하는데, 각 왕비들의 운명은 극명하게 대비된다. 순서대로 왕비들의 최후를 열거해보면 이혼, 참수, 사망, 이혼, 참수, 그리고 생존이다. 여기서는 두 번째 왕비인 앤 불린에 대해 주로 이야기할 것이다. 첫 번째 왕비는 스페인의 왕국인 아라곤 출신의 왕녀 캐서린이었다. 당시 스페인은 유럽의 패자였고, 영국은 스페인과의 정략결혼을 통해 유럽의 강대국의 반열에 오르려는 야심이 있었다. 헨리 8세는 부왕인 헨리 7세가 장미전쟁을 종식시키고 왕국의 안정을 이룬 것을 보고, 자신도 왕국의 안위를 지켜야 한다는 강박증에 시달리고 있었다. 헨리 8세는 왕자를 통한 왕위 계승으로 왕국의 안정을 이루려고 했지만, 캐서린 왕비는 왕자를 낳지 못했다. 그러자 그의 관심은 왕비의 시녀인 앤 불린에게 옮겨갔다. 결국 헨리 8세는 교황의 반대에도 무릅쓰고 캐서린과 이혼하고 앤 불린과 결혼한다. 하지만 앤 불린도 왕자를 낳지 못했고, 딸 1명을 낳고 왕비가 된 지 3년 만에 간통죄라는 누명을 뒤집어쓰고 처형된다. 헨리 8세는 세 번째 결혼으로 꿈에 그리던 왕자 에드워드를 얻는다. 하지만 훗날 헨리 8세가 사망하자 에드워드 6세가 왕위를 이어받았고, 몇 년 지나지 않아 그마저도 숨진다.

이제 두 명의 공주만이 남았다. 첫 번째 공주는 캐서린의 딸 메리였다. 가톨릭이었던 어머니의 영향을 받고 자란 메리는 고집이 세고 신교도들에게 증오심을 품고 있었다. 실제로 왕위에 있었던 10년 동안 메리 여왕은 많은 신교도들을 처형했다. 이때 가장 생명의 위협을 느낀 사람은 헨리 8세의 두 번째 왕비인 앤 불린의 소생 엘리자베스 공주였을 것이다. 메리 여왕은 어머니 캐서린의 죽음이 이복동생인 엘리자베스의 어머니 앤 불린 때문이라고 믿고 있었기 때문이다. 엘리자베스의 평생 좌우명은 "나는 알지만 말하지 않는다Video non tacio" 였다. 이 좌우명은 엘리자베스의 입지를 잘 보여준다.

그러나 역사는 영국 왕국의 열쇠를 엘리자베스에게 준다. 메리 여왕이 병으로 죽고 엘리자베스 1세가 여왕 자리에 올라 또 다시 여왕의 시대가 열린 것이다. 선왕인 헨리 8세가 꿈에도 상상하지 못했던 일이다. 엘리자베스 여왕은 영국을 스페인과 프랑스에 맞설 수 있는 강대국으로 만든 군주다. 뿐만 아니라 유럽 최강의 스페인 무적함대 아르마다를 격파했고, 미국에 최초로 식민지를 개척하기도 했다. 주변에 늘 가까운 신하들이 있던 여왕은 평생 독신으로 살며 나라를 다스렸다.

1585년경 엘리자베스 여왕의 모습.

1584년에 엘리자베스 여왕은 모험가 월터 롤리에게 아메리카 식민지의 설립을 허락했다. 롤리와 그 일행들은 아메리카로 탐험을 떠났으나 물자가 부족해 이 최초의 탐험은 실패로 돌아갔다. 그러나 앞서 식민지 개척사에서 살펴보았듯 영국은 20여 년 후 버지니아에 최초의 식민지를 건설하는 데 성공했다. 식민지를 건설한 사람들은 처녀인 엘리자베스 여왕에게 이 땅을 바치고 이곳을 버지니아라고 불렀다.

버지니아 역사의 명과 암

버지니아주는 최초의 영국 식민지답게 미국 독립 이후에도 연방의 기초를 다지는 산파 역할을 했다. 초대 대통령인 조지 워싱턴과 3대 대통령 토머스 제퍼슨, 4대 대통령 제임스 매디슨, 5대 대통령인 제임스 먼로와 같은 인물들을 배출한 곳이 바로 버지니아주다. 명실상부한 미국 독립의 요람이라고 말할 수 있다. 영국을 유럽의 강대국으로 만든 엘리자베스 여왕의 이름을 딴 이곳에서 미국의 초석을 다진 초기 대통령 4명이 나왔다는 사실은 우연일까? 아니면 '여왕의 땅'이 지세地勢가 좋았던 것일까? 하지만 이러한 화려한 역사 뒤에 어두운 이면이 있는 것도 사실이다. 여왕의 후손들인 식민지 주민과 영국인들이 피비린내 나는 전쟁을 벌였다는 사실은 역사의 아이러니가 아닐 수 없다.

영국의 개척자들이 버지니아에 식민지를 건설할 무렵, 미국 식민지 개척사의 전설적인 인물인 존 스미스라는 청년이 등장한다. 제임

버지니아의 개척자 존 스미스를 살려
달라고 애원하는 포카혼타스.

스타운의 지도자 존 스미스는 버지니아 지방의 포우하탄 부족에게
생포되어 처형될 운명에 놓여 있었다. 이때 어린 추장의 딸이 아버지
에게 이 청년을 구해달라고 간청하고, 그 덕분에 존 스미스는 목숨을
건진다. 그녀의 이름이 그 유명한 포카혼타스다. 포카혼타스는 인디
언과 영국인들 사이에 평화의 가교를 놓은 주인공으로 대접을 받고,
담배 사업자 존 롤프와 결혼해 영국 런던으로 건너가 사교계에 소개
되기도 했다. 하지만 영국인들은 제임스타운에 더 많은 투자를 유치

하는 데 포카혼타스를 이용하려 했다. 포카혼타스는 기독교도로 세례받고, 아이도 낳았지만 머지않아 세상을 떠났다. 순수했던 그는 어린 나이로 생을 마감했다.

웨스트버지니아, 산악의 주

State of
West Virginia

별명 산악의 주Mountain State

최대 도시 찰스턴Charleston

인구수 약 179.2만 명(2019년 기준)

한반도 대비 면적 0.28

미연방 가입 1863년 6월 20일(35번째)

1863년 웨스트버지니아주는 버지니아주에서 별개의 주로 분리됐다. 미국의 주 중에서 이렇게 분리되어 새로운 주가 된 경우는 많지 않다. 버지니아주가 분리된 때는 남북전쟁 무렵이다. 버지니아의 동부 지역은 담배 재배 농업이 발달했기 때문에 노예 제도를 유지하는 데 찬성하는 입장이었다. 하지만 서부 지방은 노예제 존속에 반대했고, 이 지방이 따로 북부 연방에 가입하면서 웨스트버지니아주가 별개의 주가 됐다.

웨스트버지니아의 경제는 주로 지하자원에 의존하고 있다. 지리적으로도 미국에서도 가장 오지에 속하는 지방이며, 산업 시설이나 기업 활동도 미미한 편이라서 소득 수준이 하위권에 속한다. 웨스트버지니아의 척박한 자연환경과 관련된 민담이 하나 있다. 이 지방의 한 마을에서 주민들의 이가 계속 상하는 일이 벌어졌다. 알고 보니 언덕을 굴러 내려온 자갈들이 경사면 아래에 있는 집의 굴뚝으로 들어가, 벽난로에서 굽는 콩과 섞였던 것이다. 자갈이 섞인 콩을 씹다가 점점 이가 닳아버렸다는 내용이다. 웨스트버지니아주가 산악 주라고 불리는 이유를 단번에 알 수 있다.[10]

산악인은 항상 자유롭다

미국의 유명한 컨트리음악 가수 존 덴버의 곡 'Take Me Home, Country Road'에는 웨스트버지니아주를 묘사하는 부분이 등장한다.

Almost heaven, West Virginia

천국과 같은 웨스트버지니아여

Blue ridge mountains, Shenandoah river

블루릿지산맥과 셰넌도어강

Life is old there, older than the trees

그곳의 삶은 오래됐죠, 나무보다는 오래됐지만

Younger than the mountains blowin' like a breeze

블루릿지산맥(왼쪽)과 셰넌도어강(오른쪽).

산보다는 어리고, 산들바람처럼 지나가네요

　가사를 보면 웨스트버지니아주에 산과 강이 많음을 알 수 있다. 노래에 나오는 블루릿지산맥은 동부 조지아에서 펜실베이니아로 뻗은 산맥이고, 셰넌도어강은 버지니아주에서 시작하여 웨스트버지니아로 흐르는 강이다. 웨스트버지니아는 온통 산악 지형으로 이루어져 있기 때문에 '산악 주'라는 별명이 있고, 주의 모토도 라틴어로 "산악인은 항상 자유롭다Montani semper liberi"이다.

러스트 벨트

1978년 미국에서 개봉한 《디어 헌터》는 베트남 전쟁을 그린 대표적인 반전 영화다. 이 영화의 주인공은 베트남으로 떠날 젊은이들이다. 우크라이나 이민자들의 후손인 이들은 친구의 결혼식에 참석해 피로연을 즐긴다. 다음날 그들은 베트남으로 떠나기 전에 사슴 사냥을 나가는데, 주인공 마이클은 친구 닉에게 "사슴은 꼭 한 방만 쏴야 돼, 더 이상 쏘면 안 돼!"라고 말한다. 아무런 저항도 하지 못하는 사냥감을 좇는 주인공들은 자신들이 베트남에 가서 그 사냥감과 비슷한 처지에 놓이게 될 것이라는 사실을 꿈에도 모르고 있었다.

이 영화 속의 젊은이들은 펜실베이니아주에 위치한 제철 공장의 노동자들이다. 70년대만 해도 미국 중서부와 북동부에는 제조업이 발달해 공업 지대가 형성되었는데, 한국과 같은 신흥 국가에 밀려 지금은 산업이 쇠락한 지역으로 바뀌었다. 그래서 펜실베이니아, 웨스트버지니아, 오하이오, 인디애나, 미시간, 일리노이주 같은 주를 '러스트 벨트Rust Belt(녹슨 주)'라고 부른다.

2020년 미국 대통령 선거에서 이 러스트 벨트에 속하는 지역이 크게 주목을 받았다. 미국에서는 민주당을 지지하는 주와 공화당을 지지하는 주가 확연히 구분된다. 전통적으로 민주당은 동부와 서부에 지지층이 많고, 공화당은 텍사스주를 비롯한 중부 지방에 지지층이 많다. 그런데 이러한 정치색이 애매한 주들이 바로 러스트 벨트에 속한 곳이다. 한국의 경우에 대입해보면 충청도처럼 특정 정당을 지지하는 경향이 크지 않은 지역에 해당한다고 할 수 있다. 그래서 미국에서는 러스트 벨트에 속한 주들을 '스윙 스테이트Swing State(부동층)'라고 부른다. 대부분의 주는 선거인단의 표를 몰아주는 승자 독식 제도를 취하고 있기 때문

펜실베이니아주에 있는 베들레헴 철강소의 철거 전 모습. 설립 약 140년 만에 파산으로 문을 닫았다.

에, 승패가 확실한 주보다는 어떤 정당을 지지할지 불확실한 부동층의 표가 중요한 역할을 한다. 2020년 선거에서도 초반에 열세였던 바이든 후보가 러스트벨트인 미시간과 위스콘신에서 승리하며 대선의 승패가 갈렸다.

메릴랜드,
프랑스 왕녀의 땅

State of
Maryland

별명 역사와 전통의 주Old Line State, 자유의 주Free State

최대 도시 볼티모어Baltimore

인구수 약 604.6만 명(2019년 기준)

한반도 대비 면적 0.14

미연방 가입 1788년 4월 28일(7번째)

중세와 근세의 유럽 역사를 통틀어서 여자의 신분으로 가장 높이 오를 수 있는 지위는 여왕일 것이다. 영국의 역사를 보면 엘리자베스 여왕이나 빅토리아 여왕 같은 군주는 남성 이상의 업적을 남긴 훌륭한 군주였다. 그 다음으로 여성이 오를 수 있는 높은 지위는 왕비였다. 동양 3국과는 다르게 유럽에서는 왕실 간에 혼인이 잦았다. 근대 유럽의 왕실 중에서 가장 번성했던 오스트리아의 합스부르크 왕가의 모토는 "다른 이들은 전쟁을, 행복한 오스트리아여, 그대는 결혼을 Bella gerant alli, tu felix Austria nube"이었다. 특히 합스부르크 왕가의 정략

결혼은 근친혼으로도 유명하다. 이번에 소개하는 메릴랜드주는 이러한 정략결혼과 관련 있는 곳이다.

비운의 왕녀, 앙리에트 마리

메릴랜드Maryland라는 이름에 들어 있는 '메리Mary'는 청교도 혁명으로 처형된 찰스 1세의 왕비 앙리에트 마리Henriette Marie의 이름에서 왔다. 앙리에트 마리는 프랑스의 왕녀로 태어났다. 부르봉 왕조의 시조 앙리 4세가 그녀의 아버지이며, 그녀의 오빠는 훗날 루이 13세가 되고, 마리는 루이 14세의 고모가 된다. 앙리 4세는 종교의 자유를 보장한 낭트칙령을 공포하여 왕국의 안정을 도모하고 프랑스 왕국의 번영을 이룩한 현군으로 칭송을 받는 왕이다. 하지만 앙리 4세는 1610년 파리에서 백주 대낮에 가톨릭 광신도의 습격을 받아 세상을 떠났다. 이때 유복자로 태어난 막내 공주가 앙리에트 마리다.

앙리에트 마리는 영국 왕실로 시집을 온 마지막 프랑스 왕녀였다. 역사적으로 영국과 프랑스의 왕실은 다른 어떤 국가보다도 정략결혼이 많았다. 영국 왕조의 시조인 노르만 왕조가 프랑스에서 건너온 왕조였기에 두 왕국 사이에는 서로 결혼으로 인연을 맺는 일이 잦았다. 실제로 1066년 노르망디 공 윌리엄이 영국에서 노르만 왕조를 개창한 이래 1399년 리처드 2세가 왕위에서 내려올 때까지 대부분의 영국 왕들은 프랑스에서 왕비를 맞이했다. 이후 한동안 프랑스 왕비가

앙리에트 마리의 초상화.

드물었으나 찰스 1세 때에 다시 프랑스 출신 왕비를 맞이한 것이다.

앙리 4세의 유복자로 태어나 아버지의 사랑을 받지 못하고 자란 앙리에트 마리는 낯선 영국으로 시집을 간 시기에 영국의 사정도 호락호락하지 않았다. 구교와 신교 간의 반목, 이방인이라는 곱지 않은 시선, 남편인 찰스 1세와의 불화 등 여러가지 어려움을 겪었다. 그러나 찰스 1세와의 관계가 점차 회복되어 애정이 싹텄고, 찰스 1세와 앙리에트 마리 사이에서 아이가 태어났다. 첫째 찰스는 훗날 찰스 2세가 되고, 마리 앙리에트 공주(어머니와 이름의 순서가 반대)는 네덜란드의 오렌지 공과 결혼하며, 막내 제임스는 나중에 제임스 2세가 된다.

그러나 비운의 왕녀 앙리에트 마리는 남편을 잃게 된다. 아버지 앙리 4세는 광신도가 휘두른 칼에 사망했고, 남편인 찰스 1세는 의회파와 전쟁에서 패배해 처형당한다. 앙리에트 마리는 조카 루이 14세가 있는 친정인 프랑스로 돌아갈 수밖에 없었다. 혹자는 메릴랜드의 주명이 헨리 8세의 딸 메리 여왕에서 비롯되었다고 하지만, 메리 여왕과는 관련이 없다. 메릴랜드 식민지는 찰스 1세 때 건설되었기에 찰스 1세의 왕비인 앙리에트 마리의 이름에서 유래했다. 마리Marie의 영어식 이름이 메리Mary다.

볼티모어 남작의 이름을 딴 도시

메릴랜드의 최대 도시의 이름 또한 사람 이름에서 유래했다. 메릴랜드주에서 가장 큰 도시인 볼티모어Baltimore는 영국의 조지 캘버트 볼티모어Goerge Calvert Baltimore 남작의 이름을 따라 1729년에 세워졌다. 볼티모어 남작은 자신이 가톨릭 신자라고 밝혀 수상직을 박탈당한 귀족이었다. 당시 영국인들은 가톨릭에 우호적이었던 찰스 1세가 이에 대한 보상으로 볼티모어 남작에게 메릴랜드 식민지를 주었다고 생각했다. 볼티모어 남작은 영국의 가톨릭 신자로서는 유일하게 미국의 식민지를 영지로 받은 인물이었다. 그는 1632년 가톨릭과 개신교 신자들을 데리고 메릴랜드로 이주해 종교가 다른 사람들도 우호적인 관계를 유지하며 살 수 있다는 것을 증명하고자 했다.

사우스캐롤라이나,
찰스 2세의 땅

State of
South Carolina

별명 종려나무 주Palmetto State

최대 도시 찰스턴Charleston

인구수 약 514.9만 명(2019년 기준)

한반도 대비 면적 0.38

미연방 가입 1788년 5월 23일(8번째)

남부 조지아주의 북쪽에 위치한 사우스캐롤라이나주. 이 주의 이름
이 캐롤라인 같은 영국의 왕비 이름에서 유래한 것이라고 생각하기
쉽다. 하지만 사우스캐롤라이나는 영국의 찰스 2세가 1663년 8명의
귀족에게 식민지 특권을 부여한 데에서 유래했다. 사우스캐롤라이나
식민지는 찰스 2세의 승인으로 개척되었기 때문에 찰스 2세의 이름
은 주 이름뿐만 아니라 도시 이름에도 남아 있다. 사우스캐롤라이나
주의 최대 도시인 찰스턴Charleston은 '찰스의 도시'라는 뜻의 '찰스 타
운Charles Town'에서 따온 지명이다.

캐롤라이나Carolina는 '찰스의 땅'이라는 의미의 라틴어다. 여기서 짚고 넘어가자면, 영국 왕의 이름에 등장하는 찰스Charles, 프랑스 왕실에 자주 보이는 샤를Charles, 스페인 왕실의 카를로스Carlos 그리고 신성로마제국(독일)의 카를Karl이라는 이름은 모두 프랑크 왕국(서기 5세기 말 서게르만족의 한 부족인 프랑크족이 서유럽 지역에 세운 왕국)의 황제였던 '샤를마뉴 대제(독일명 카롤루스)'에서 나온 이름이다. 유럽의 군주들은 부강한 나라를 꿈꾸며 서로마 제국의 위대한 군주의 이름을 그들의 후손에 남겼다. 하지만 찰스 2세는 아버지 찰스 1세가 청교도혁명으로 처형되자 프랑스로 망명을 떠난 불운의 군주다. 비록 다시 왕정이 복고되어 귀국해 왕위에 올랐지만 그에게서 찰스라는 이름이 지닌 위대함은 찾아보기 어렵다.

현대의 사우스캐롤라이나 해변. 아름다운 풍경으로 유명하다.

사우스캐롤라이나에 나타난 강력한 해적

사우스캐롤라이나 식민지의 역사는 스페인, 프랑스, 영국 세 나라의 투쟁의 역사라고 해도 과언이 아니다. 가장 먼저 이 지방을 탐험한 나라는 스페인이었고, 이후 프랑스도 탐험을 시도했다. 영국의 입장에서 사우스캐롤라이나는 프랑스와 스페인의 세력 확장을 막기 위한 최남단 방어선이었다. 설상가상으로 대서양을 끼고 있는 사우스캐롤라이나 해안에는 해적의 출몰이 잦았다.

그중에서도 '블랙비어드Blackbeard(검은 수염)'라는 잉글랜드계 해적의 악명이 높았다. 그는 적들을 공포에 빠뜨리기 위해 모자 아래 화승(화약 심지)을 묶어 불을 붙이고 다녔다고 한다. 블랙비어드의 본명

악명 높은 해적 블랙비어드의 모습. 영화 〈캐리비안의 해적〉의 원조다.

은 에드워드 티치로 카리브해와 사우스캐롤라이나 해안에서 주로 활동했다. 블랙비어드는 자신의 해적선을 '앤 여왕의 복수Queen Anne's Revenge'라고 명명하고 카리브해에서 선박들을 약탈하고 다녔다. 후사를 남기지 못하고 세상을 떠난 스튜어드 왕조의 마지막 군주인 앤 여왕(재위, 1702-1714년)을 기리기 위해서 그런 이름을 붙였을까? 해적질로 악명을 떨치던 블랙비어드는 결국

미국을 만든 50개 주 이야기

버지니아주지사가 이끄는 토벌대와 격렬한 전투를 벌이다가 사망했다. 토벌대장인 메이너드 중위는 자신의 전함 뱃머리에 블랙비어드의 머리를 매달아 다른 해적들에게 경고를 보내기도 했다. 마치 그리스 신화에서 아테나 여신이 자신의 방패 아이기스에 괴물 메두사의 머리를 박아 무적의 방패로 만든 에피소드를 연상시킨다.

노스캐롤라이나,
사라진 식민지

State of
North Carolina

별명 타르 힐 주Tar Heel State

최대 도시 샬럿Charlotte

인구수 약 1,049만 명(2019년 기준)

한반도 대비 면적 0.61

미연방 가입 1789년 11월 21일(12번째)

노스캐롤라이나 지방을 처음으로 탐험한 사람은 조반니 다 베라차노였다. 1524년 베라차노는 프랑수아 1세의 명을 받아 이 지방을 탐험하고 보고서를 작성했지만, 프랑수아 1세는 큰 관심을 보이지 않았다. 이후 스페인도 이 지방에 탐험대를 보냈으나 정착에 실패했다.

　노스캐롤라이나에 최초로 정착한 사람들은 영국인이었다. 1584년 엘리자베스 1세의 총신 월터 롤리 경이 탐험대를 보내 로아노크섬에 식민지를 건설하려 했지만 원주민들의 공격으로 실패로 돌아간다. 하지만 3년 뒤인 1587년 120명의 이민자들이 존 화이트의 지휘 아래 로아노크섬에 정착한다. 이곳이 북미 지역에 영국이 최초로 건설한 식민지다. 화이트는 로아노크 식민지의 성공을 보고하기 위해 영국으로 돌아갔지만, 이 무렵 영국과 스페인이 전쟁에 돌입하는 바람에 3년간 돌아올 수 없었다. 화이트는 전쟁이 잠잠해지고 나서야 다시 로아노크섬으로 돌아왔다.

하루아침에 사라져버린 식민지

그런데 섬에는 이민자들이 한 명도 보이지 않았다. 화이트는 귀국하기 전에 이민자들에게 무슨 일이 생기면 눈에 잘 띄는 곳에 기록을 하거나 몰타 십자가 모양으로 흔적을 남기라는 말을 남겼었다. 화이트는 섬을 샅샅이 뒤져 글씨가 새겨진 나무 한 그루를 발견했다. 그 나무에는 크로아토안Croatoan이라고 글자가 새겨져 있었다. 크로아토

크로아토안이라는 글자를
발견한 사람들.

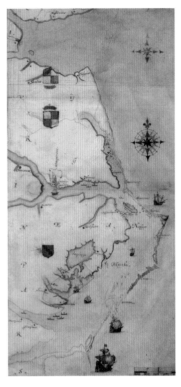

존 화이트가 그린 로아노크 식민지의 지도. 최초의 식민지 로아노크에서 살던 사람들은 어디로 사라졌을까?

안은 이웃 섬의 이름이었다. 화이트 일행은 크로아토안섬을 수색하려고 했지만 폭풍으로 포기하고 귀국길에 올랐다.

로아노크섬의 이민자들이 사라진 이유를 두고 최근까지도 여러 연구가 진행됐다. 1998년 이스트캐롤라이나대학의 고고학 발굴 자료에 따르면 섬에서 16세기 영국의 인장 반지가 발견되었다고 한다. 16세기 말의 기상 상태를 조사해본 결과 로아노크섬 일대에 극심한 가뭄이 들었다는 사실이 밝혀졌다. 어떤 학자는 크로아티안족이 이민자들을 몰살시켜 희생 제물로 바쳤다고 주장하기도 한다. 영국 최초의 식민지 로아노크는 이렇게 하루아침에 사라지고 말았다.

타르 힐 주, 용감한 병사 혹은 겁쟁이?

노스캐롤라이나주의 별명은 특이하게도 '타르 힐' 주다. '타르Tar'는 아스팔트를 포장할 때 사용하는 끈적끈적한 액체이고, '힐Heel'은 발 뒤꿈치를 의미한다. 이 별명의 유래에 대해 노스캐롤라이나주 관광청 공보관은 다음과 같이 설명한다.[11] 남북전쟁 당시 노스캐롤라이나주는 남군으로 싸웠는데, 노스캐롤라이나 군인들이 마치 신발 뒤꿈치에 타르가 붙은 것처럼 도망가지 않고 용감하게 싸워 생긴 별명이라고 한다. 하지만 정반대의 설에 따르면 병사들이 너무 많이 도망을 가서 뒤꿈치에 타르를 발랐다고 한다. 어느 설이 진짜일까?

노스캐롤라이나주의 모토는 1893년에 정해진 "보이는 것보다는 본질 그 자체가 되어라esse quam videri"이다. 현대를 사는 우리에게 시사하는 바가 크다.

노스캐롤라이나주의 문장.

매사추세츠,
뉴잉글랜드 최대의 도시

Commonwealth of Massachusetts

별명 항만의 주 Bay State

최대 도시 보스턴 Boston

인구수 약 689.3만 명(2019년 기준)

한반도 대비 면적 0.12

미연방 가입 1788년 2월 6일(6번째)

뉴잉글랜드는 미국 북동부의 6개 주, 즉 매사추세츠, 로드아일랜드, 코네티컷, 버몬트, 메인, 뉴햄프셔를 포함하는 지방이다. 이 지방을 통틀어 가장 큰 도시가 바로 매사추세츠의 주도인 보스턴이다. 매사추세츠주는 하버드대학교나 매사추세츠공과대학교MIT 같은 교육 기관이 많은 주로도 유명하다. '매사추세츠'라는 말은 원주민인 나바호족의 언어로 '큰 산 옆의 초원' 혹은 '큰 언덕 위에'라는 뜻이다. 초기에 주민들이 바닷가에 정착했기 때문에 '항만의 주'라는 별명이 있다. 1620년 메이플라워호를 타고 종교의 자유를 찾아온 청교도

미국을 만든 50개 주 이야기

들이 처음으로 정착한 땅이기 때문에 '순례자의 주Pilgrim State'라고도 부른다.

종교의 자유를 찾아온 청교도들

영국의 청교도들은 국교회를 개혁할 수 없다고 판단하고 네덜란드의 레이던으로 망명했다. 하지만 그곳에서도 신앙을 유지하기가 힘들었던 청교도들은 북아메리카로 이주하기로 마음먹는다. 마침내 1620년 레이던에 있던 102명의 청교도들이 메이플라워호에 몸을 실었다. 본래 이들의 목적지는 제임스타운이 있는 버지니아주였는데 도중에 폭풍을 만나 목적지보다 훨씬 북쪽의 해안, 즉 지금의 매사추세츠 지방에 상륙하게 된다. 혹독한 기후와 식량 부족으로 메이플라워호를 타고 간 청교도들의 절반이 목숨을 잃었지만, 정착지 인근에 살던 왐파노아그 인디언들이 옥수수 경작법을 가르쳐준 덕분에 살아남을 수 있었다.

매사추세츠에 정착한 청교도들은 신앙의 자유를 찾아 신대륙에 온 사람들이었지만, 동시에 정치적으로도 본국과는 독립된 체제를 원했다. 그들은 자신들이 만든 의회에서 최고 지도자를 선출했다. 유럽의 제국들이 군주제의 압제에서 신음하고 있을 때 청교도들은 이미 의회 민주주의의 초석을 놓았던 것이다.

미국 건국의 아버지인 벤저민 프랭클린

매사추세츠 출신 인물 중 가장 유명한 인물을 꼽으라면 미국 건국의 아버지, 벤저민 프랭클린일 것이다. 보스턴 출신의 프랭클린은 미국 독립에 큰 역할을 한 인물로, 많은 미국인들에게 존경을 받는 위인이다. 그러나 독립전쟁 당시 프랭클린이 가족들의 불화 때문에 마음 아파했다는 사실은 많이 알려져 있지 않다. 독립전쟁 즈음에 미국의 여론은 크게 셋으로 나뉘어 있었다. 프랭클린처럼 독립을 주장하는 애국주의자도 있었지만, 독립을 반대하는 국왕 지지파와 이를 지켜보는 관망주의자들도 있었다. 프랭클린의 아들은 그중에서도 국왕 지지자였다. 부자가 정치적인 원수가 된 것이다. 프랭클린은 유언장에

서 아들의 이름을 지우고 다음과 같이 썼다. "전쟁 중에 나를 거역하고 독립을 원하지 않는 자들의 편에서 싸웠던 아들의 역할은 악명이 높다. 나는 아들이 빼앗으려고 획책한 땅을 더 이상 주지 않겠다." 프랭클린의 아들 윌리엄은 결국 추방되어 가난 속에서 죽게 된다.[12]

미국 건국의 아버지라 불리는 벤저민 프랭클린.

독립에 대한 염원이 담긴 말, 코먼웰스

매사추세츠주의 공식 명칭은 'Commonwealth of Massachusetts'다. 여기서 'Commonwealth'는 '공공의 재산'이라고 번역할 수 있다. 이 명칭은 '공공의 재산Res publica'이라는 뜻의 라틴어를 영어로 옮긴 것이다. '물건', '재산'이라는 뜻의 'Res'를 영어 'Wealth'로, '공공의'라는 뜻의 'Pulica'는 'Common'으로 옮겼다. 물론 영어에도 프랑스어에서 차용한 'Republic'이란 말이 있지만, 일찍이 청교도 전쟁으로 찰스 1세를 처형한 호국경 올리버 크롬웰이 '코먼웰스Commonwealth'라는 말을 사용한 바 있다. 본래 코먼웰스는 주권이 왕이나 정부에 있지 않고 국민의 손에 있다는 '주권 공유체'를 의미했다. 일부 식민지에서 국가라는 뜻의 'State'보다 주권이 국민에게 있다는 의미의 코먼웰스가 더 분명한 독립 의지를 피력한다고 생각해서 이 단어를 썼다. 미국 독립 당시 13개의 식민지 중에서 코먼웰스를 사용하는 주는 매사추세츠, 켄터키, 펜실베이니아, 버지니아다. 'State'와 'Commonwealth'는 의미상 차이가 크지는 않지만, 후자가 왕정을 반대한다는 의미가 더 강하다고 볼 수 있다. 독립 당시 군주국이었던 영국의 색채를 조금이라도 더 지우고 싶었던 미국인들의 염원이 들어간 말로 해석된다.

세일럼 마을의 마녀들

중세 유럽에서 마녀재판은 악명이 높다. 백년전쟁의 흐름을 바꾸어 놓은 영웅 잔다르크도 마녀재판에는 속수무책으로 당할 수밖에 없었다. 콩피에뉴 전투에서 패한 잔다르크는 잉글랜드와 동맹을 맺은 부르고뉴 군대에 잡혀 재판을 받고 여러 죄목으로 기소됐다. 그녀의 죄목은 마녀, 이교도, 신성모독, 타락자 등 70가지에 달했다. 결국 잔다르크는 루앙의 광장에서 화형을 당해 생을 마무리했다.

마녀재판은 북미의 매사추세츠에서도 일어났다.[13] 1692년 매사추세츠의 세일럼 마을에서 처녀들이 서인도 제도에서 온 노예들이 하는 이야기를 듣고 집단 발작을 일으켰다. 처녀들은 자기들 가운데 몇몇을 마녀로 지목했다. 중세 유럽처럼 마녀로 몰린 사람들에게는 무죄를 입증할 방법이 없었다. 중세 시대에는 불에 달군 쇠를 손으로 만진 다음 상처가 덧나지 않으면 무죄로 입증하는 신명 재판으로 판결을 내렸다.

세일럼 마을에서도 즉각 재판이 열렸고, 선술집 주인 비리젯 비숍이 마녀로 몰려 사형당했다. 여기서 끝나지 않고, 5명의 처녀가 또다시 마녀로 지목을 당해 교수형에 처했다. 문제는 이 '망령'의 증거를 입증할 수 없다는 데에 있었다. 그저 어떤 이를 가리키면서 "저 사람이 망령에 홀렸다"고 주장하면 지목을 받은 사람은 자신의 무죄를 증명할 수가 없었다. 결국 1692년 가을까지 남자를 포함하여 20명 이상의 사람이 교수형을 당했다. 세일럼 마을의 집단 히스테리가 건잡을 수 없는 지경에 빠지고 만 것이다.

한 가지 흥미로운 사실은 마녀라고 고발한 사람과 고발을 당한 사람의 사회적 위치를 살펴보면 고발당한 사람들의 다수는 농업과 교회에 얽매인 사람들,

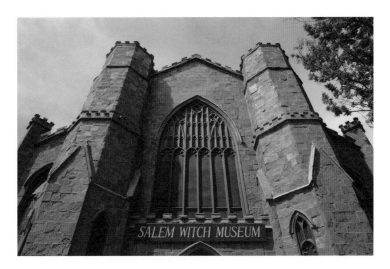

매사추세츠주에 있는 세일럼 마녀 박물관. 세일럼 지역에서 많은 사람들이 마녀로 몰려 목숨을 잃었다.

즉 전통적인 생활방식을 준수하는 이들이었다. 반면에 고발을 한 사람들은 대부분 소규모 가게를 운영하거나 교역에 종사했다. 새롭게 자리를 잡아가는 신흥 상업 계층이 기존의 기득권 계층을 마녀로 본 것이다.

그렇다면 21세기에는 '마녀'라는 주홍 글씨가 사라졌을까? 소득과 계층의 차이와 이념의 간극이 더 크게 벌어져 있는 지금. 그 괴리를 이용해 상대방을 현대판 마녀사냥의 먹잇감으로 활용하고 있지 않은지 생각해볼 필요가 있다.

조지아,
인류애로 탄생한 식민지

State of Georgia

별명 남부의 엠파이어 스테이트Empire State of the South

최대 도시 애틀랜타Atlanta

인구수 약 1,062만 명(2019년 기준)

한반도 대비 면적 0.68

미연방 가입 1788년 1월 2일(4번째)

조지아주 탄생의 역사는 다른 식민지와 조금 다르다. 대개 북미 동부의 식민지들은 경제적인 이유나 종교적 이유로 건설되었지만, 조지아 식민지는 영국의 장군이었던 제임스 E. 오글소프가 인류애적 신념으로 건설한 식민지다. 그는 장군이자 사회개혁가로 영국의 빈민, 특히 빚 때문에 감옥에 간 이들을 신대륙으로 이주시켜 새 삶을 살게 하자고 주장했는데, 그렇게 만들어진 식민지가 조지아다.

조지아 식민지는 플로리다의 북쪽 지방과 경계를 맞대고 있다. 플로리다 반도는 스페인이 16세기 초에 개척한 식민지로, 조지아주는 스페인의 북진 세력이 영국과 마주치는 길목에 자리를 잡고 있었다. 그렇다 보니 스페인과의 충돌은 피할 수 없었다. 1600년대 후반 영국인들은 스페인의 북진을 차단하고자 인디언들과 연합하여 조지아주의 해안 지방에 건설된 스페인의 선교 조직을 파괴했다.

독일인 조지 2세의 이름을 딴 조지아주

1732년, 조지아에 정착한 영국인들은 당시 영국 왕 조지 2세에게 식민지 건설을 위한 헌장을 요구했다. 조지 2세는 독일에 뿌리를 둔 하노버 왕조 출신의 국왕이었다. 엄밀히 말하면 독일인인 그가 영국 왕이 될 수 있었던 것은 전임자인 앤 여왕이 후계자를 지명하지 못하고 세상을 떠났기 때문이다. 이때 남은 왕위 계승권자는 무려 50명이 넘었다. 조지 2세의 아버지 조지 1세가 제임스 1세의 증손자였기 때문에 그에게도 왕위 계승권이 있었다. 사실 혈연 관계만 놓고 보면 유럽에 망명 중이던 제임스 2세의 아들 제임스 프랜시스의 서열이 더 높았지만, 1701년에 개정된 왕위 계승법에 의해 가톨릭 신자는 영국의 왕이 될 수 없었다. 따라서 하노버 공작이었던 조지 1세는 영어를 한마디도 못했지만 왕위 계승 서열 원칙에 따라 영국 왕이 될 수 있었다. 스튜어트 왕조는 이렇게 막을 내리고 독일의 하노버 왕조가 영국 왕을 배출하기 시작했다. 조지아주의 이름은 조지 2세의 이름을 따 만들어졌다.

남북전쟁으로 파괴된 도시 애틀랜타

조지아주에서 가장 큰 도시 애틀랜타는 미국 전체에서 아홉 번째로 큰 도시다. 조지아주는 애틀랜타 같은 대도시가 있다는 의미로 남부의 엠파이어스테이트(뉴욕주의 별명)라고도 불린다. 애틀랜타는 남북전쟁 때 북군에 함락되어 완전히 파괴된 도시이기도 하다. 남북전쟁을 배경으로 한 소설《바람과 함께 사라지다》에도 애틀랜타가 등장한다. 다음은 소설 속에서 애틀랜타의 함락을 묘사한 부분이다.

8월의 마지막 날이 왔고, 애틀랜타의 전투 이후로 가장 치열한 싸움이 시작되었다는 그럴듯한 소문이 나돌았다. 남쪽 어디에선가. 전투의 상황에 관한 소식을 기다리던 애틀랜타는 웃거나 농담을 하려고 애쓰던 시늉조차 그만두었다. 2주 전에 군인들이 알았던 사실, 애틀랜타가 최후의 궁지에 몰렸으며 메이컨 철도가 함락되면 애틀랜타도 함락되리라는 사실을, 이제는 모든 사람들이 알게 되었다.[14]

제국은 비대해지면 분열하기 마련이다. 로마 제국이 동서로 쪼개졌듯이, 미국이라는 제국도 노예제를 놓고 둘로 갈라섰다. 하지만 미국은 남북전쟁을 거쳐 명실상부한 제국으로 재탄생한다. 남북전쟁은 한국전쟁처럼 같은 동포들이 총부리를 겨누고 싸운 처참한 내전Civil War이었다. 이 전쟁에 참전한 인구는 백인만 약 300만 명이며, 그 가

북군이 애틀랜타의 철도를 파괴하는 모습.

운데 4분의 1이 목숨을 잃었다. 특히 이 전쟁이 비참했던 이유는 가족 간 혹은 사제 간에도 서로 총을 겨누어야 했기 때문이다. 실제로 링컨의 처남들은 남부군에 지원했고, 육군사관학교 교장이었던 로버트 리 장군은 북군에 지원한 제자들과 싸워야 했다.[15] 조지아주에는 남북전쟁의 흔적이 남아 있는 장소가 있다. 바로 남부연합을 대표하는 인물들이 새겨진 세계 최대의 화강암 산, 스톤 마운틴이다. 스톤 마운틴에는 남부연합의 대표들이 북부연맹에 항복하러 가는 모습이

스톤 마운틴 부조에 새겨진 인물들. 왼쪽부터 남부연합을 대표하는 대통령 제퍼슨 데이비스, 로버트 리 장군 그리고 토머스 잭슨 장군의 모습이 보인다.

부조로 조각되어 있다. 역사는 승자인 링컨만 기억하지만, 남북전쟁은 적어도 남부에서는 잊히지 않는 전쟁이다.

미국을 만든 50개 주 이야기

메인,
프랑스의 멘 지방? 메인 주?

State of Maine

별명 소나무 주 Pine Tree State

최대 도시 포틀랜드 Portland

인구수 약 134.4만 명(2019년 기준)

한반도 대비 면적 0.42

미연방 가입 1820년 3월 15일(23번째)

영어에 "메인에서 캘리포니아까지 from Maine to California"라는 표현이 있다. 이는 미 대륙 동쪽 끝에 위치한 메인주부터 서쪽 끝의 캘리포니아까지라는 말로, 미 대륙 전체를 가리키는 표현이다. 어떤 지역이 한 나라의 끝에 위치한다면, 그 지역은 변방이자 이웃 나라와의 마찰이 잦았던 곳이라고 유추할 수 있다. 전자는 지리적 특징을 보면 분명해진다. 대한민국보다 작은 메인주는 80% 이상이 숲으로 이루어진 변방이다.

메인과 마찰이 잦았던 이웃은 프랑스다. 정확히 말하면 뉴프랑스

대부분의 지역이 숲인 메인주.

가 그 대상이었다. 메인주의 북쪽 국경은 캐나다의 퀘벡과 경계를 맞
대고 있기 때문에 일찍이 프랑스계 주민들과 마찰이 많았다. 동부 지
방에서 북진하던 영국 세력과 먼저 정착한 프랑스계 주민들은 충돌
할 수밖에 없었다. 결국 영국이 승리하여 프랑스인들은 북쪽인 퀘벡
으로 밀려났지만, 그 후손들은 여전히 메인주에 남아 있다. 그래서
지금도 50개 주 중에서 메인주는 프랑스계 주민이 많은 주로 꼽힌다.
백인의 구성 비율이 가장 높은 주 중의 하나이기도 하다.

미국을 만든 50개 주 이야기

정치적 이유로 분리되다

메인주가 동부 지역에 있었음에도 불구하고 독립할 당시 13개 주에 들어가지 못한 데는 다음과 같은 역사적 배경이 있다. 본래 메인주는 매사추세츠주의 일부분이었다. 즉 매사추세츠주는 지금처럼 작은 주가 아니었다는 말이다. 메인주가 미국이 독립한 지 50년 후 매사추세츠로부터 독립한 이유는 순전히 정치적인 이유에서였다. 1820년대 미연방은 노예제를 찬성하는 주와 반대하는 주로 양분되어 있었다. 이 무렵 중부의 미주리주가 노예제를 찬성하는 주로 연방에 들어오자 정치적 열세를 만회하려는 동부의 주들은 메인주를 매사추세츠주로부터 독립시켜 연방에 들어오게 했다. 게다가 광활한 루이지애나 지방이 여러 주로 쪼개지자 남부 주들의 발언권이 커지는 것을 우려한 북부의 여러 주들도 메인주를 별개의 주로 독립시키고자 했다. 그 결과 메인주는 노예제를 반대하는 입장을 밝히며 연방에 가입했다. 40년 뒤에 일어난 남북전쟁의 전조는 이때부터 예견되어 있었다.

프랑스 멘 지방의 이름을 딴 메인주

메인Maine이라는 이름의 어원에 대해서는 두 가지 설이 있다. 먼저 프랑스의 노르망디 남쪽 지방인 멘Maine에서 왔다는 설이다. 프랑스계 주민들이 이 지방에 먼저 정착했고, 북쪽에는 프랑스 영토였던 퀘벡주가 가까이 있으니 설득력이 있다. 두 번째 설은 영어의 '중심이 되는'이라는 뜻의 'main'에 'e'가 붙어서 만들어진 지명이라는 주장이다. 하지만 온통 숲으로 덮인 메인주가 어느 지역의 '중심'이라는 주장은 어색해 보인다. 이 두 주장이 팽팽히 맞서자 2001년 메인주 의회는 메인이라는 이름이 프랑스의 멘 지방에서 유래했다는 설을 공식적으로 인정했다. 그들은 1665년 찰스 1세가 내린 메인주 개척에 관한 특허장에 프랑스의 멘 지방을 가리키는 말이 들어 있었다는 사실을 근거로 내밀었다.

미국을 만든 50개 주 이야기

3부

★★★

프랑스의 향수
중부 지역

루이지애나, 미 대륙의 4분의 1

State of Louisiana

별명 펠리컨 주 Pelican State

최대 도시 뉴올리언스 New Orleans

인구수 약 464.9만 명(2019년 기준)

한반도 대비 면적 0.61

미연방 가입 1812년 4월 30일(18번째)

1650년경 미국 북동부에 정착한 영국인의 인구는 5만 명 정도였다. 그러나 100년 뒤인 1750년에는 100만 명으로 팽창한다. 영국은 서쪽으로 영토를 확장하려 했지만 서쪽에는 오대호에서 미시시피강을 따라 내려온 프랑스인들이 자리를 잡고 있었다. 유럽에서 나라의 명운을 걸고 사사건건 대립하던 영국과 프랑스는 신대륙에서도 일촉즉발의 위기로 치닫고 있었다.

지금의 루이지애나주는 미시시피강의 하류, 즉 멕시코만에 위치하고 있다. 면적은 한반도의 절반을 조금 넘지만 1800년 초만 해도 프랑스령 루이지애나는 미 대륙의 4분의 1에 해당하는 광활한 땅이었다. 그런데 1803년 나폴레옹이 이 땅을 1,500만 달러에 매각했다. 중부 지방으로 영토를 확장하려는 미국에는 더 없는 기회였다. 한반도의 10배가 되는 땅을 1제곱킬로미터당 7달러에 샀으니 미국은 횡재를 한 것이다. 채무에 시달리던 당시의 프랑스로서는 루이지애나를 팔고 당장 큰 돈을 얻는 것이 중요했을 수 있다. 하지만 루이지애나를 넘긴 프랑스는 북미에서 영원히 사라졌다.

루이 14세에게 바치는 땅, 루이지애나

루이지애나 식민지의 역사는 1680년까지 거슬러 올라간다. 멕시코만에서 미시시피강을 따라 탐험하던 프랑스인들이 당시 프랑스의 국왕 루이 14세에게 이 땅을 식민지로 바치고 루이지애나라는 이름을 붙였다. 버지니아주를 개척하고 엘리자베스 1세 여왕에게 식민지를 바친 것과 마찬가지다.

루이 14세는 유럽의 패권을 잡고 휘둘렀던 절대왕정의 상징이었다. 영국 청교도들이 신앙의 자유를 찾아 터를 잡은 신대륙의 지명에 구대륙의 절대군주 이름이 들어 있다는 사실은 아이러니하다. 아버지 루이 13세가 사망했을 때 루이 14세는 5살에 불과했지만 모후인 안 도트리슈와 추기경 마자랭의 섭정으로 왕권을 안전하게 물려받아 76세까지 무려 72년간 왕좌에 있었다. 하지만 미 대륙에서 영국이 발

빠르게 식민지를 확장해가는 동안 프랑스는 유럽 대륙의 전쟁에 깊이 빠져 있던 적이 많다. 게다가 영국 식민지의 인구가 프랑스인들보다 월등하게 많았기 때문에 프랑스는 루이지애나같이 광활한 식민지를 경영할 능력이 부족했던 것도 사실이다.

프랑스의 흔적이 남아 있는 곳

미국의 공용어가 영어라는 것은 너무나 당연한 말이다. 하지만 미국은 연방 국가다. 연방 헌법은 미합중국의 공용어를 영어라고 명시하지 않는다. 실제로 50개 주 중에서 30개 주만 영어를 공용어로 인정하고 있다. 프랑스의 전통이 아직도 많이 남아 있는 루이지애나주도 다른 20개의 주처럼 법적인 공용어를 지정하지 않았다. 루이지애나주의 경우 영어 사용자가 91%이고 프랑스어 사용자가 3.5%로, 다른 주에 비해 프랑스어 사용자가 많은 편이다.

루이지애나의 프랑스인들은 본래 미국 메인주의 북부에 위치한 캐나다의 노바스코샤(프랑스어로 누벨에코스)에 살았는데, 영국과 프랑스의 분쟁 끝에 1755년 영국인들에 의해 루이지애나 지방으로 강제 이주를 당했다. 노바스코샤 지방을 처음으로 발견한 프랑스인들은 이 지방을 아카디아Acadia라고 불렀고, 그곳에 사는 사람을 아카디안Acadian으로 불렀다. 원주민들은 아카디안을 카지안Cagian으로 잘못 옮겼고 이것이 나중에 케이준Cajun이 됐다. 이후 케이준은 루이지애

뉴올리언스의 버번Bourbon 스트리트. 재즈의 고향 답게 활기가 넘친다. 버번은 프랑스의 부르봉Bourbon 왕조 이름에서 영향을 받은 지명이다.

나주에 이주한 프랑스인들의 요리 스타일을 가리키는 말로 자리 잡았다. 강제 이주를 당한 프랑스인들은 버터를 구하기 어려워지자 돼지기름에 다양한 향신료(마늘, 양파, 칠리, 후추, 겨자)를 섞어 강한 맛이 나는 요리와 소스를 탄생시켰다. 미국인들이 즐겨 먹는 케이준 소스는 이렇게 생겨났다. 케이준 소스에 들어가는 마요네즈, 겨자, 후추, 양파, 마늘 등은 옛날 루이지애나의 프랑스인들이 사용했던 레시피 그대로다.

루이지애나주의 최대 도시 뉴올리언스New Orleans는 1718년 미시시피 회사가 설립한 도시다. 뉴올리언스 도시 이름은 루이 15세의 섭정인 오를레앙 공의 이름에서 따왔다. 프랑스어 누벨오를레앙Nouvelle Oreléans을 영어로 옮긴 것이 뉴올리언스다. 이곳은 재즈가 태어난 도시로 유명하며 그만큼 흑인이 거주하는 비율도 높다. 1840년에는 미국에서 네 번째 큰 도시로 성장했지만 산업이 쇠퇴하면서 도시의 규모가 점차 축소됐다. 또한 루이지애나의 주도인 배톤루지Baton Rouge에도 프랑스의 흔적이 남아 있다. 배톤루지는 '붉은 칠을 한 나무 말뚝'이라는 촉토우 인디언 말을 프랑스어로 옮긴 것이다. 프랑스어로 '배톤Baton'은 '막대기', '루지rouge'는 '붉은'을 뜻한다.

오하이오, 3C의 주

State of Ohio

별명	칠엽수 주Buckeye State
최대 도시	콜럼버스Columbus
인구수	약 1,169만 명(2019년 기준)
한반도 대비 면적	0.53
미연방 가입	1803년 3월 1일(17번째)

오하이오주는 오대호 중 하나인 이리호를 국경으로 캐나다의 온타리오주과 마주하고 있다. 동쪽에는 독립 당시 13개 주에 속했던 펜실베이니아주, 남쪽에는 웨스트버지니아주와 경계를 맞대고 있다. 주의 가운데는 주도이자 최대 도시인 콜럼버스Columbus가 위치하고 있고, 북쪽에는 클리블랜드Cleveland 그리고 남쪽에는 신시내티Cincinnati가 있다. 모두 C로 시작하는 세 도시는 규모가 비슷해서 라이벌 의식도 강하다.

좋은 강을 의미하는 오하이오

중부 지방의 주들이 대개 그렇듯이 이 지방을 처음으로 탐험한 사람은 프랑스인 르네 로베르 드 라살이었다. 그는 1669년부터 1673년까지 미시시피강을 따라 남진하여 멕시코만까지 내려가 미시시피강 주변을 프랑스 영토로 삼았다. 그는 1677년 프랑스로 돌아가 루이 14세에게 미시시피강의 탐험을 허락받고, 1680년 일리노이 지역에 유럽인들의 첫 정착지를 건설했다.

오하이오는 이로쿼이 부족의 언어로 '좋은 강'을 의미한다. 이 지역에 정착한 프랑스인들은 '오하이오'를 프랑스어로 '본 리비에르 Bonne Rivière(좋은 강)'라고 옮겼다. 주 이름 중에서 인디언들의 언어에서 온 것들은 대개 강 이름에서 유래한 것이 많다. 프랑스가 북미에서 영국을 제압했다면 오하이오주의 이름은 '본 리비에르' 주가 될 수도 있었다.

로마 정치인의 이름이 들어간 도시, 신시내티

오하이오주 남서부 도시, 신시내티의 이름에도 숨겨진 이야기가 있다. 처음 정착민들이 들어왔을 때 이 도시의 이름은 로잔트빌Losantville이었다. 그런데 1790년에 로마의 정치인 킨키나투스 Cincinnatus(기원전 519-430년)의 이름을 본떠 신시내티로 도시의 이름을 바꾸게 된다(킨키나투스의 영어 발음이 신시나투스). 킨키나투스는 기원전 5세기에 로마가 외적의 침입을 받아 풍전등화의 위기에 놓였을 때 독재관을 맡아 조국을 구한 인물이다. 그는 엄청난 공을 세웠지만 홀연히 본업인 농부의 자리로 돌아갔다.

신시내티라는 이름은 독립전쟁의 퇴역 군인 모임에서도 찾아볼 수 있다. 독립전쟁이 끝나고 시민으로 돌아간 장교들은 킨키나투스의 이름을 따서 '신시내티 모임'을 조직한다. 미국 건국의 아버지 조지 워싱턴이 초대 회장이었으며 지금도 그 명맥을 이어오고 있는 단체다. 한때 전장을 지휘하던 장교들이 권력에 연연하지 않고 물러선 킨키나투스의 이름을 따라 모임의 이름을 지은 것은 오늘날 우리에게도 시사하는 바가 크다.

오하이오주에는 아미시파 기독교도들이 많이 거주하는데 그 수는 펜실베이니아주 다음으로 많다. 이들은 이주 초기에 동부에 정착한 재세례파의 후손들로, 급진적인 교리를 이어받은 개신교 종파다. 아

자동차 대신 마차를 타고 가는 아미시파 가족. 그들은 문명의 혜택을 거부하며 살아간다.

미국을 만든 50개 주 이야기

미시파 기독교도들은 스스로 외부와 격리시켜 문명의 혜택을 거부하며 살아간다. 양심적 병역 거부, 공적 연금의 거부는 물론 자동차나 전기 제품의 사용조차 거부한다. 아미시파는 지금도 펜실베이니아 더치(독일어 방언)를 사용하고 있다.

에디슨과 테슬라

오하이오주의 한 작은 도시 밀란, 이곳에서 역사의 한 획을 그은 발명가 에디슨이 태어났다. 그런데 사람들이 에디슨에 대해 잘 모르는 부분이 있다. 역사의 시계를 19세기로 돌려보자.

두 명의 과학자가 있었다. 한 사람은 천재란 99%의 노력과 1%의 영감으로 탄생한다는 신념이 있었고, 다른 한 사람은 모름지기 과학자란 직관과 이론, 그리고 체계적인 실험을 통해 이론을 증명할 수 있어야 한다고 생각했다. 누가 보더라도 궁합이 맞지 않을 것 같은 사람들이었다. 그러나 운명은 두 사람을 동시대에, 그것도 같은 연구소에서 만나게 했다.

첫 번째 언급한 과학자는 에디슨이다. 그는 수많은 발명으로 인류 문명에 크게 기여한 과학자로 역사에 남아 있다. 두 번째의 사람은 크로아티아 출신의 천재 과학자 니콜라 테슬라다. 두 사람은 전기를 전달하는 방식에 관해 상이한 방식을 제안한다. 에디슨은 항상 같은 방향으로 흐르는 방식인 직류DC 방식을, 테슬라는 전기의 방향이 주기적으로 변하는 교류 방식AC을 주장했다. 이미 직류 설비에 많은 투자를 했기 때문에 에디슨 연구소에 갓 입사한 테슬라가 제안한 교류 방식을 수용한다는 것은 에디슨에게 상상할 수도 없는 일이었다. 테슬라가 에디슨에게 직류 발전기의 성능을 개선하겠다고 제안하자, 에디슨은 성공할 경우 5만 달러(현재 가치로는 1,200만 달러)를 주겠다고 약속한다. 하지만 테슬라가 에디슨의 직류 발전기 성능을 향상시킨 프로젝트를 실제로 완수하자, 에디슨은 테슬라에게 한 약속을 '미국식 유머'로 치부하고 헌신짝처럼 팽개친다. 이때부터 두 사람의 관계는 원수가 된다.

테슬라의 교류 방식이 직류 방식보다 우월하다는 분위기가 팽배해지자, 에디슨은 온갖 수단을 동원하여 교류 방식의 위험성을 부풀려 세상에 폭로하기 시작한다. 사람들에게 "교류는 지극히 위험하다"라는 인식을 심어주기 위해 에디슨은 유기 동물을 사들여 교류로 감전사시키거나, 교수형 대신에 교류 방식의 웨스팅하우스 발전기를 사용해 사형을 집행하도록 뉴욕주에 로비를 한다. 에디슨의 프로파간다는 끝날 줄 몰랐다. 그중 가장 막장 드라마 같은 이야기는 동물원의 코끼리를 6,600볼트의 교류 전기로 죽인 사건이다. 코끼리가 3명의 조련사를 죽였다는 것을 명분 삼아 교류 전기를 사용해 코끼리를 죽인 것이다. 하지만 직류 전기도 교류 전기처럼 위험하기는 마찬가지였다. 에디슨의 공작으로 직류 전기 시스템이 승리하는 듯 보였지만, 1839년 시카고 만국 박람회는 교류 전기 시스템의 손을 들어줬다. 이후 미국에서는 80% 이상이 교류 전기를 사용하게 됐다.

테슬라의 명성은 현재도 진행형이다. 전기 자동차로 자동차 업계에 혜성처럼 등장한 회사의 이름에 천재 과학자 테슬라의 이름이 들어 있다. 발명을 부의 축적 수단으로 생각했던 에디슨과는 달리, 테슬라는 수많은 발명 특허를 보유했지만 돈벌이에는 관심을 두지 않았다고 한다. 전기 자동차를 만드는 테슬라의 CEO 역시 관련 특허를 모두 무료로 공개하겠다고 공언했다.[16]

버몬트,
푸른 산의 주

State of Vermont

별명 푸른 산의 주 Green Mountain State

최대 도시 벌링턴 Burlington

인구수 약 62.4만 명(2019년 기준)

한반도 대비 면적 0.11

미연방 가입 1791년 3월 4일(14번째)

버몬트Vermont는 프랑스어로 '푸른vert+산mont'이라는 뜻이다. 프랑스 발음으로 읽으면 '베르몽'이다. 루이지애나처럼 프랑스의 군주 이름이 들어간 주와는 달리 이 주의 이름은 프랑스 단어로 이루어져 있다. 이 지방은 캐나다의 퀘벡 지방과 국경을 맞대고 있기 때문에 프랑스계 이주민이 많이 들어왔다. 이 지방을 처음으로 탐험한 사람은 프랑스인 사뮈엘 드 샹플랭이다. 샹플랭의 흔적은 이 지방의 챔플레인(샹플랭의 영어식 발음) 호수 이름에 지금도 남아 있다. 프랑스인들은 알곤킨족이 살고 있던 이 지역을 개척한 후 인디언들을 몰아내고 요

푸른 산이라는 이름처럼, 버몬트주에는 미국 최초의 장거리 하이킹 트레일인 '롱 트레일Long Trail'이 있다.

새를 건설했다. 하지만 프렌치-인디언전쟁에서 패한 프랑스는 더 이상 이 지방에 대한 기득권을 요구할 수 없었다. 버몬트주는 미국 독립 선언 당시 최초의 13개 주에 이어 14번째로 미합중국에 들어왔다 (1791년). 1777년에는 미국에서 최초로 노예제를 폐지했다.

오늘날 버몬트주는 농지가 많고 낙농 제품이 많이 생산되는 주로 유명하다. 미국인들이 즐겨 먹는 팬케이크에 없어서는 안 될 메이플 시럽의 주요 산지이기도 하다. 메이플 시럽은 단풍 나무의 수액을 원료로 만들기에 버몬트주에 단풍나무가 많다는 것을 알 수 있다.

버몬트의 주도 몬트필리어Montpelier는 인구가 불과 7천 명밖에 안

되는 곳으로, 미국의 주도 중에서 가장 작은 도시다. 몬트필리어라는 이름은 남프랑스의 몽펠리에Montpellier에서 왔다. 지중해 연안에 있는 몽펠리에는 로마시대 때 건설된 유구한 역사를 가진 도시인데, 인구가 28만 명에 달하는 남프랑스에서 제법 큰 도시에 속한다. 버몬트의 주도 몬트필리어의 이름은 독립전쟁이 끝난 1787년 데이비스 대령이 이곳에 이주한 뒤에 붙인 이름이다. 주 이름과 도시 이름이 프랑스어로 되어 있는 것을 보면 독립 당시 군대를 보낸 프랑스에 고마움을 표시한 것이라고 추측해볼 수 있다.

몬트필리어의 가을 풍경. 버몬트주에는 단풍나무가 많아 메이플 시럽이 유명하다.

버몬트주와 시민결합 제도

버몬트주는 청교도들의 고향인 매사추세츠와 가까이 있지만 정치적 색채는 진보적인 성향을 보인다. 그런 점에서 버몬트주를 이야기할 때 빼놓을 수 없는 것이 '시민결합civil union'이다. 시민결합이란 1989년 덴마크에서 시작된 사회제도로, 커플이 사실혼 관계에 있을 경우 혼인 제도를 거치지 않더라도 상속과 세제, 보험, 입양, 양육과 관련된 배우자의 권리들이 온전히 보장된다는 특징이 있다. 버몬트주는 미국 최초로 시민결합 제도를 도입한 주다. 시민결합에 대하여 프랑스 철학자 자크 데리다는 2004년 작고 직전 한 인터뷰에서 "출산과 절개에 대한 맹세를 동반하는 결혼의 모호함이나 종교적 위선을 제거하고, 강제되지 않고 유연한 규약인 시민결합으로 대체하자"라고 주장했다.[17] 프랑스는 덴마크에서 처음으로 시민결합이 실행된 지 10년 만에 이 제도를 법제화했다. 이후 프랑스에서 연간 시민결합 커플은 첫 해인 1999년 6,151쌍에서 2016년 191,537쌍으로 크게 늘었는데, 흥미롭게도 동성 커플보다 이성 커플이 훨씬 많았다. 이는 시민결합이 동성 커플에 대한 사회적 보호 장치라기보다는 모든 커플이 결혼 제도에 얽매이지 않고 관계를 인정받기 위한 제도적 방편임을 보여주고 있다.

일리노이,
제3의 도시 시카고가 있는 주

**State of
Illinois**

별명 링컨 주 Lincoln State, 초원의 주 Prairie State

최대 도시 시카고 Chicago

인구수 약 1,267만 명(2019년 기준)

한반도 대비 면적 0.66

미연방 가입 1818년 12월 3일(21번째)

북쪽의 미시간호와 맞닿아 있는 일리노이주는 미국 중서부에서 가장 많은 인구가 밀집된 주다. 면적은 한반도의 3분의 2에 해당하고 인구는 무려 1,200만 명이 넘는다. 인구의 대부분은 미국에서 세 번째로 큰 도시 시카고에 살고 있다. 일리노이의 별명 중에 '링컨 주'라는 이름이 있는데, 이는 미국의 16대 대통령 링컨이 대통령이 되기 전에 일리노이주의 주 의원을 지낸 적이 있어서 생긴 별명이다. 이 밖에도 광활한 초원이 끝없이 펼쳐져 있어 '초원의 주'라고도 불린다.

일리노이라는 이름은 이 지방의 원주민인 일리노이족에서 왔다.

이곳을 처음으로 탐험한 사람들은 프랑스인이었다. 1673년 프랑스의 탐험가이자 로마 가톨릭 선교사인 자크 마르케트와 루이 졸리에가 이 지방을 탐험한다. 다른 지역과 마찬가지로 이곳의 식민지 개척사는 유럽 열강의 대리전의 양상을 보였다. 동부 지방에 정착한 영국계 주민과 캐나다의 퀘벡 지방을 중심으로 북쪽에 정착한 프랑스계 주민은 처음에는 사이가 좋았다. 하지만 서쪽으로 진출하려는 영국과 남진하려는 프랑스는 충돌을 피할 수 없었다.

프랑스의 흔적이 남아있는 도시, 시카고

일리노이주는 이 지역을 선점한 프랑스와 서쪽으로 팽창하려는 영국 사이에 놓인 전략적 요충지였다. 그러나 결국 프렌치-인디언전쟁으로 일리노이주의 기득권은 프랑스에서 영국으로 넘어가게 된다. 하지만 프랑스 지배의 흔적은 아직도 곳곳에 남아 있다. 시카고Chicago는 본래 영어식 발음으로 읽으면 '치카고'라고 발음해야 한다. 하지만 이 도시의 이름을 정한 사람들이 프랑스인이었기 때문에 그들의 발음대로 지금까지 부르고 있다. 시카고의 본래 뜻은 원주민인 알곤킨족의 언어로 '야생 양파가 많은 여우 서식지' 혹은 '스컹크 냄새가 나는 고얀 곳'이라는 뜻이다. 미국 제3의 도시 이름에 담긴 뜻이 흥미롭다.

　미국 역사에서 시카고만큼 비약적으로 팽창한 도시는 없다.

중부 지방 최대의 도시 시카고. '야생 양파가 많은 여우 서식지'가 이렇게 변했다.

1803년 중부의 광대한 루이지애나를 프랑스로부터 매입한 미국은 중서부의 새로운 거점 도시가 필요했다. 오대호를 끼고 있는 데다가 뉴욕으로 이어지는 이리 운하까지 건립하자 시카고는 비약적으로 발전하기 시작했다. 1840년 90번째였던 시카고의 인구는 1860년에 9위로 뛰어오르고 1890년에는 인구 100만 명을 넘어 제2의 도시로 우뚝 선다.[18] 이후 서부가 개발되면서 시카고는 뉴욕과 로스앤젤레스 다음으로 큰 제3의 도시로 자리매김한다.

시카고의 어제와 오늘

시카고 하면 생각나는 사람이 있다. 1920년대와 1930년대 시카고 갱단의 두목 알카포네가 그 주인공이다. 당시 시카고 갱단은 갱단의 태생지인 뉴올리언스와 대도시 뉴욕의 갱단을 누르고 전국적으로 악명을 떨치고 있었다. 시카고에서 갱단이 급성장한 데는 도시의 부패가 한몫했다. 시장인 윌리엄 톰슨이 부패하고 교활한 사람이었던 탓에 갱단이 자생하는 좋은 환경이 조성되었던 것이다. 여기에 기름을 부은 사건이 바로 금주령이었다. 1919년에 선포된 금주령은 주류의 양조, 판매, 운반, 수출입을 금지하는 법이었다. 이 시기는 제1차 세계대전이 끝나고 산업자본주의 시대로 옮겨가는 때였다. 금주령은 국민의 도덕성을 높이기는커녕 보이지 않는 부패를 더 만연하게 했고, 갱단들을 양산했다. 산업 도시로 성장하고 있던 시카고에 금주령으로 인해 갱단의 도시라는 오명이 붙고 말았다.

오늘날 시카고는 마천루가 즐비한 초현대식 도시가 됐다. 일리노이주는 몰라도 시카고는 누구나 알고 있듯이, 도시가 주보다 더 유명해졌다. 시카고에 마천루가 많이 들어선 데에는 그만한 사정이 있다. 1871년 시카고에 대화재가 발생해 도시 전체가 거의 쑥대밭이 됐다. 대화재 때문에 다시 건물을 지어야 하는 상황이 오자, 역설적이게도 건축 붐이 일어 도시가 성장했다. 건축학자들은 건축학을 전공하는 사람들에게 시카고는 건축의 메카라고 말할 정도다.

수평선이 보이는 미시간호. 여기서 시카고 시내로 엄청난 세기로 바람이 불어온다.

시카고의 별명은 '바람의 도시'다. 미시간호에서 불어오는 바람이 매섭기로 유명하여 붙은 별명이다. 미시간호는 남한 면적의 약 80%에 이르는 호수로, 수평선이 형성될 정도로 엄청나게 큰 호수다. 여기에서 불어오는 바람의 세기가 상상을 초월한다고 한다.

캔자스,
오즈의 마법사

State of
Kansas

별명 해바라기 주Sunflower State,

 밀의 주Wheat State, 약탈자의 주Jayhawker State

최대 도시 위치토Wichita

인구수 약 291.3만 명(2019년 기준)

한반도 대비 면적 0.97

미연방 가입 1861년 1월 29일(34번째)

가끔 해외 뉴스에 등장하는 미국 중부 지방의 토네이도는 캔자스주에서 흔히 볼 수 있는 자연 현상이다. 이는 70년대 말에 유행했던 팝송 'Dust in the Wind(바람 속에 먼지가 되어)'를 부른 그룹의 이름과 판타지 영화의 대명사인 〈오즈의 마법사〉의 배경이 '캔자스'인 데 영향을 끼쳤을 것이다. 캔자스주에 있는 숙부의 집에 살던 주인공 도로시는 토네이도로 인해 집과 함께 송두리째 오즈의 마법 나라로 휩쓸려 가게 되는데, 도로시가 캔자스의 집으로 돌아가기 위해 모험에 나서는 것이 영화의 내용이다. 이렇듯 미국인들에게 캔자스는 토네이도의 고장 혹은 아주 먼 미지의 나라로 통한다.

바람과 밀의 주

이 지방에 살던 인디언들의 말에서 유래한 '캔자스'의 뜻은 '바람의 아이들' 또는 '남풍의 사람들'이다. 미국의 한복판에 있는 캔자스주는 북쪽으로는 네브래스카주, 동쪽으로는 미주리주, 남쪽으로는 오클라호마주, 서쪽으로는 콜로라도주와 경계를 맞대고 있다. 영국이 1763년에 프렌치-인디언전쟁에서 승리하고 미시시피강까지 영토를 확장했을 때 당시 미주리주가 가장 서쪽에 위치한 주였다. 남북전쟁

토네이도가 자주 발생하는 캔자스주.

이 발발하기 3년 전에 연방에 들어온 캔자스주는 동부에서 보면 변방 중에 변방이었다. 그래서 지금도 캔자스의 지명에는 변방이라는 의미가 남아 있다.

캔자스주는 여러 별명을 갖고 있다. '해바라기 주' 혹은 미국의 곡창 지대를 상징하는 '밀의 주'라고 불리기도 하지만 독특하게도 '약탈자Jayhawker의 주'라고 불리기도 한다. 'Jayhawk'라는 말은 '습격하여 약탈하다'라는 뜻으로 쓰이는데, 본래 'Jayhawker'는 남북전쟁 전후로 약탈을 일삼는 무리들이나 남군에서 탈영하여 패배를 인정하지 않고 은밀히 전투를 계속하는 군인들을 가리켰다. 이 말이 지금은 다소 긍정적인 의미로 바뀌어 캔자스 출신을 가리키거나, 캔자스대학의 재학생이나 졸업생을 가리키는 말이 됐다.

피 흘리는 캔자스

캔자스주는 드넓은 평원을 뒤덮은 밀밭으로 잘 알려져 있지만 이 지방은 한때 피바람이 불던 비극의 무대였다. 노예제 폐지를 놓고 유혈 분쟁이 일어나 '피 흘리는 캔자스Bleeding Kansas'라는 별명이 생기기도 했다.[19] 1820년 미주리 타협의 결과에 따라 캔자스와 네브래스카는 북위 36도 30분 북쪽에 있으므로 당연히 노예제를 폐지해야 했다. 하지만 1854년 캔자스주와 네브래스카주는 노예제 폐지를 주민들의 결정에 맡겨 버렸다. 그러자 노예제를 옹호하는 주민들이 노예제를 찬성하는 자들을 자신들의 지역으로 끌어들였고, 노예제를 반대하는 사람들도 똑같은 일을 저질렀다. 부정과 불법이 난무하는 가운데 선거가 치러졌고 결과는 노예제를 찬성하는 자들의 승리로 돌아갔다. 이후 노예제 폐지를 놓고 두 진영 사이에서 유혈 충돌까지 일어났고, 노예제 폐지론자 5명이 살해되고 말았다. 그러자 사흘 뒤에 노예제 찬성자 주민 5명이 살해당했다. 이를 시작으로 캔자스주에는 피의 보복이 난무했고, 1856년에는 사망자 수가 무려 200여 명에 이르렀다. 곧 다가올 남북전쟁의 전초전이었던 것이다.

1947년 저널리스트 존 거서는 《미국 탐방》에서 "캔자스 사람들은 모든 미국인들을 대표하는 가장 보통의 사람들이며 미 대륙 전역의 공통분모"라고 썼다.[20] 그런 이유에서 미국 문화의 아이콘인 슈퍼맨과 〈오즈의 마법사〉의 주인공 도로시가 자란 곳이 캔자스라는 사실은 우연이 아닐 것이다.

위스콘신, 오소리 주

State of Wisconsin

별명 오소리 주Badger State

최대 도시 밀워키Milwaukee

인구수 약 582.2만 명(2019년 기준)

한반도 대비 면적 0.77

미연방 가입 1848년 5월 29일(30번째)

북쪽으로는 슈피리어 호수, 동쪽으로는 미시간 호수에 접해 있는 위스콘신주는 중부 지방의 북쪽에 위치하고 있다. 미 대륙의 중부 지방을 최초로 탐험한 사람들 중에 프랑스인이 많았던 것처럼, 이 지방을 처음으로 발견한(1634년) 사람도 프랑스의 탐험가 장 니콜레라고 알려져 있다. 1534년 자크 카르티에가 캐나다를 발견한 지 100년 후 뉴 프랑스에 정착한 프랑스인들은 미 대륙의 중부 이남 지역을 꾸준히 탐험했던 것이다.

위스콘신이라는 이름은 알곤킨족의 언어에서 나온 말이다. 그런데 프랑스인 탐험가들은 이를 메스쿠싱Meskousing이라고 옮겨 적었고, 철자를 잘못 옮겨 위스콘신Ouisconsin이라고 기록했다. 지금 위스콘신의 철자는 이를 영어식으로 적은 것이다. 메스쿠싱이란 말은 마이애미 인디언의 말로 '붉다'라는 의미다. 이 지방의 소도시 위스콘신델스에 있는 붉은 사암을 보면 메스쿠싱의 의미를 짐작할 수 있다.

위스콘신에 정착한 프랑스인들과 원주민들은 초기에는 좋은 관계를 유지했다. 하지만 위스콘신강을 서로 차지하려고 충돌하다가 급기야 전쟁이 일어난다. 프랑스는 힘겹게 승리하지만 전쟁은 이 지방에서 프랑스의 지배권이 약화되는 결과를 초래했다. 그리고 1763년

위스콘신델스의 붉은 사암.

프렌치-인디언전쟁에서 프랑스가 패배하고 위스콘신 지방은 영국의 손에 넘어가고 말았다.

오소리 주와 선데 아이스크림

위스콘신주의 별명은 '오소리 주'로 다소 우스꽝스럽다. 1800년대 이 지방에 방연광lead ore이 발견되어 광부들이 채굴 작업에 동원되었는데, 변변한 집이 없던 이들이 언덕 비탈에 오소리처럼 토굴을 파서 생활했다고 해서 오소리 주라는 별명이 생겼다.

　위스콘신주는 우리가 흔히 먹는 '선데Sundae' 혹은 '선디' 아이스크림이 탄생한 곳이기도 하다. 선데 아이스크림이란 긴 유리잔에 아이스크림을 넣고 그 위에 시럽, 견과류 혹은 과일을 넣은 것을 말한다. 이 미국식 아이스크림은 1881년에 위스콘신의 투리버스에서 최초로 만들어졌다. 선데 아이스크림에 '일요일'과 비슷한 발음의 '선데'라는 이름이 붙은 이유가 흥미롭다. 미국은 청교도들이 세운 나라이다 보니 엄격한 청교도 법률Blue Laws을 따라 생활에 제약이 많았다. 지금도 일부 주에서는 이 법을 지키며 일요일에 술을 팔지 않

오소리가 그려져 있는 위스콘신주의 문장.

는다. 일요일에 슈퍼에 가면 주류 판매 코너는 커다란 천으로 덮여 있다. 당시에는 탄산음료도 알콜과 같은 대접을 받았다. 19세기 말 미국 일부 주에서는 탄산음료가 사람의 식욕을 자극할 수 있기 때문에 약국이나 술집에서만 팔았다고 한다. 초기에 코카콜라가 약국에서 판매되었던 이유가 여기에 있다. 그래서 일요일에는 탄산음료 대신 아이스크림을 먹게 되었고, 이

딸기 선데 아이스크림.

아이스크림을 '일요일 아이스크림Sunday Ice Cream'이라고 불렀다. 하지만 신성한 주일의 이름이 들어갔다고 해서 마지막 철자 하나만 바꾸어 선데 아이스크림이 된 것이다.

미시간,
오대호의 주

State of
Michigan

별명 오대호의 주 Great Lakes State

최대 도시 디트로이트 Detroit

인구수 약 998.7만 명(2019년 기준)

한반도 대비 면적 1.13

미연방 가입 1837년 1월 26일(26번째)

지도를 보면 미시간주는 오대호의 대부분과 경계를 접하고 있음을 알 수 있다. 그래서 연안의 길이가 알래스카 다음으로 긴 주다. 미시간은 오지브와족의 언어로 '큰 물' 혹은 '큰 호수'를 뜻하는 미시가마 Mishigama에서 나왔다. 이 지방을 처음으로 탐험한 프랑스인들이 이를 미시간 Michigan이라고 옮겼다. 만약 영국인들이 이 지방을 발견했다면 프랑스어의 'ch'는 영어의 'sh'와 같기 때문에 'Mishigan'이라고 옮겼을 것이다.

오대호 주변에 있는 주들 중에는 유난히 '미 Mi'로 시작하는 이름이 많은데, 대부분 원주민의 말에서 온 지명이다. 어떤 의미를 갖고 있는지 정리해보자.

- **미시간**Michigan: 큰 물
- **미주리**Missouri: 구름이 낀 물의 색
- **미시시피**Mississippi: 진흙탕 물
- **미네소타**Minnesota: 하늘 빛을 띤 물

위의 지명에서 공통분모를 보면 '미Mi'가 아메리카 인디언 언어로 '물'을 뜻하는 말임을 알 수 있다. 고대 고구려어에서도 물을 '미'라고 한 것으로 보아 우리 조상과 북미 인디언들 사이에 연결 고리가 있을 수 있다는 추측이 가능하다. 게다가 북미 인디언들은 인종학상 우리와 같은 인종인 몽골로이드에 속한다. 학계에서는 지금부

미시간주는 엄청난 면적의 오대호와 맞닿아 있다.

터 15,000년 전에 러시아 동부에 거주하던 몽골로이드 부족이 베링 해를 건너 북미 대륙으로 이동했다는 것이 정설로 인정되고 있다. 고대 국어에서 물을 의미하는 '미'와 북미 인디언의 언어의 'Mi'가 일치한다는 사실은 흥미로운 상상을 불러일으킨다.

디트로이트를 세운 카디악과 캐딜락 자동차

미시간주에서 가장 큰 도시 디트로이트Detroit는 세계 굴지의 자동차 회사 제너럴모터스의 본사가 있는 곳으로 유명하다. 이 도시의 이름은 1701년 프랑스의 탐험가인 앙투안 드 라 모트 카디악이 세운 '데트루아Détroit 요새'에서 나왔다. '데트루아'는 프랑스어로 '호수와 강

디트로이트에 있는 카디악의 동상.

이 교차하는 해협'을 의미하며, 이를 영어로 읽으면 '디트로이트'가 된다.

디트로이트를 세운 카디악과 관련된 한 가지 흥미로운 이야기가 있다. '캐딜락Cadillac'이라는 미국의 고급 자동차 브랜드 이름을 한번쯤 들어보았을 것이다. 이 자동차의 이름이 바로 디트로이트를 세운 카디악(영어식 발음으로는 캐딜락)의 이름에서 나온 것이다. 1902년 디트로이트 요

미국을 만든 50개 주 이야기

카디악 가문의 문장(왼쪽)과 캐딜락 자동차의 엠블럼(오른쪽). 캐딜락 자동차의 이름은 디트로이트를 세운 탐험가 카디악을 기념하기 위한 것이다.

새 건설 200주년을 맞아, 포드 자동차가 새로 출시한 고급 자동차 브랜드에 카디악의 이름을 붙였다(캐딜락 자동차는 1909년에 제너럴모터스에 인수됐다).

디트로이트시의 역사는 천당에서 지옥을 오간 생생한 예다. 1903년 '자동차 왕' 헨리 포드가 디트로이트 근교에 자동차 공장을 설립한 이후, 제너럴모터스와 크라이슬러가 차례로 이 도시의 근교에 자동차 공장을 지었다. 디트로이트는 자동차 산업의 메카로 성장하여 1950년에는 인구가 200만 명이 넘는 네 번째로 큰 도시로 성장했다. 하지만 자동차 산업의 몰락과 1967년 흑인폭동으로 도시는 쇠락의 절벽으로 떨어졌다. 대부분의 백인들이 도심을 떠나 도심의 공동화가 급속히 진행된 것이다. 2013년 디트로이트시의 실업률은 미국 평균의 2배가 넘는 18.6%에 이르고, 인구는 70만 명으로 급감했

디트로이트의 버려진 자동차 공장.

다. 결국 디트로이트시는 2013년 미시간 주 정부에 파산 신고를 한다. 자동차의 공룡으로 군림하던 미국이 '기름 먹는 공룡차'에만 매달려 있을 때 자동차 시장의 주도권은 일본과 독일로 넘어가고 말았다. 19세기 말 '서부의 파리Paris of the West'라고 불렸던 디트로이트는 이렇게 험난한 과정들을 거쳐 현재의 모습을 갖추게 됐다.

아이오와,
대통령 선거의 풍향계

State of Iowa

별명 매의 눈을 가진 주 Hawkeye State

최대 도시 디모인 Des Moines

인구수 약 315.5만 명(2019년 기준)

한반도 대비 면적 0.66

미연방 가입 1846년 12월 28일(29번째)

아이오와주의 이름은 아이오와족의 이름과 아이오와강의 이름에서 유래했다. 아이오와주를 처음으로 탐험한 사람들은 앞서 일리노이주에서도 언급한 프랑스인 자크 마르케트와 루이 졸리에다. 오대호에서 미시시피 계곡을 따라 내려간 이들은 여러 개의 인디언 촌락을 발견했다고 기행문에 적었는데, 이 지역이 현재의 아이오와주다. 프렌치-인디언전쟁에서 프랑스가 영국에 패하기 전까지 이 지역은 프랑스령이었다. 훗날 북미 대륙의 4분의 1을 차지한 프랑스령 루이지애나의 북부 지방이 지금의 아이오와주다.

수도사의 도시, 디모인

아이오와주의 주도이자 가장 큰 도시는 디모인Des Moines이다. 영어라기에는 발음이 생소하고, 무슨 뜻인지 짐작하기도 어렵다. 하지만 프랑스어를 아는 사람들은 이 도시의 이름이 '수도사들'을 의미한다는 것을 눈치챘을 것이다. 디모인을 프랑스어로 읽으면 '데 무안'이다. 중부 지방을 개척하고 도시를 세운 사람들이 프랑스인이므로 이런 이름이 붙은 것이다. 본래 디모인에는 인디언들의 봉분이 있었는데, 프랑스의 수도사들이 그 위에 오두막집을 짓고 살았다고 해서 '수도사'라는 이름으로 불렸다고 한다. 하지만 그 이름의 유래가 수도사와 관련이 없다는 주장도 있다. 디모인은 디모인강에서 유래한 이름이며, 알곤킨어로 아비새(북미에 서식하는 토종 새의 일종)를 의미하는 '모인고나Moingona'를 프랑스어로 옮긴 것에 불과하다는 것이다. 그러나 만약 인디언 말을 음역했다면 부정관사의 복수형 'Des'를 붙이지 않고 'Moines'이라고 옮겼을 가능성이 크기 때문에 전자의 주장이 더 설득력이 있다. 단어의 어원에는 이렇듯 서로 다른 주장들이 존재하는 법이다.

블랙호크의 흔적이 남아 있는 아이오와주

아이오와주의 별명은 '매의 눈을 가진 주Hawkeye State'다. 이 별명은 19세기 초 전설적인 소크족의 추장 '검은 매Black Hawk'의 이름에서 나왔다. 1831년 소크족의 추장인 블랙 호크와 천 명에 달하는 부족 사람들은 그들의 고향인 아이오와에서 추방을 당한다. 이듬해 블랙호크는 부족들과 고향으로 돌아가려 하지만, 그들을 기다리고 있었던 것은 미국군과 일리노이주의 민병대였다. 소크족과 미국 군대가 충돌했던 이 전투에서 소크족은 무참히 학

블랙호크의 초상화.

살당하고 150명만 살아남았으며, 블랙호크는 치열한 전투 끝에 결국 1838년에 생을 마감한다. 현재 위대한 블랙호크의 무덤은 아이오와빌의 공동묘지에 남아 있다. 블랙호크는 백인에게 포로로 잡혀갔던 자신이 왜 백인에게 대항하여 전쟁을 했는지 다음과 같이 밝힌다.

나는 장렬하게 싸웠다. 하지만 당신들의 총이 더 정확했다. (…) 나는 어떤 부끄러운 일도 하지 않았다. 나는 우리의 땅을 뺏으러 오는 백인들에게 대항하기 위해 우리 자신, 어머니 그리고 아이들을 위해서 싸웠다. 당신들은 우리가 전쟁을 할 수밖에 없었던 이유를 잘 알고 있다. (…) 우리는 남을 기만하지 않는다. (…) 백인들은 우리의 신뢰를 얻기 위해 술을 먹여 취하게 만들고, 우리의 여자를 희롱하기 위해 손을 내밀어 우리를 기만한다. (…) 백인은 우리처럼

아이오와빌에 있는 블랙호크의 무덤.

머리 가죽을 벗기지는 않는다. 하지만 그들은 사람의 심장을 더 나쁜 독으로 물들게 한다. 안녕 나의 조국! 안녕 블랙호크!

블랙호크의 처절한 절규가 사라진 지 채 2세기도 지나지 않았다. 토지를 소유한다는 개념이 없었던 인디언들은 애초에 백인들과 함께 살 수 있다고 생각했을지도 모른다. 그러나 슬프게도 백인들에게 인디언은 제거해야 될 대상이었지 공생의 친구가 아니었다.

코커스가 시작되는 곳

아이오와주를 얘기할 때 빼놓을 수 없는 것 중의 하나는 미국 대통령 선거의 풍향계인 '아이오와 코커스Caucus'다. 코커스는 미국 대통령 선거 전에 정당 당원으로 등록한 사람들만이 참여하는 예비 선거로 미국에서 코커스가 제일 먼저 실시되는 주가 아이오와주다. 해당 용어의 뿌리에 대해 두 가지 설이 있다. 먼저 '조언자', '연장자'라는 의미의 알곤킨족의 말 '카우카우아수caucauasu'에서 왔다는 주장이다. 18세기 보스턴의 정치 클럽 '코커스 클럽'에서 유래했다는 설도 있는데, 이 말은 '음료용 컵'을 의미하는 그리스어 '카우코스Kaukos'에서 나온 것이다.

아이오와주에서 첫 번째 코커스가 열린 것은 1972년이다. 해마다 대통령 선거 20일 전에 '아이오와 코커스'가 시작되면 인구 20만 명의 작은 주도인 디모인에 전국에서 1만 명의 기자들이 모여든다. 민주당과 공화당의 당원 수가 각각 천 명 정도인 데다가, 이들의 5배에 달하는 수의 기자들까지 모이니 디모인은 말 그대로 북새통을 이룬다. 코커스에서 흥미로운 점은 투표 방식이다. 정당원들이 투표소에 들어가면 각 진영의 대통령 후보 지지자들이 정당원에게 손을 흔들며 구호를 외친다. 이를테면 "Hi, Bob! Come on here! We are for Biden!"(안녕, 밥! 우리는 바이든 편이야!)라고 외치는 식이다. 이렇게 공개적으로 후보를 지지하는 것은 양 진영의 충돌을 사전에 방지하기 위함이다. 참고로 뉴햄프셔주에서 가장 먼저 실시된다고 언급한 사전 예비 선거는 비당원이 참여하는 선거다. 지난 2020년 대선 코커스에서 공화당은 트럼프 전 대통령이 97%로 1위를 차지했고, 민주당은 신예 부티지지 후보가 1위를 했고, 바이든 대통령은 4위에 그쳤다. 미국은 이렇듯 세계에서 가장 복잡하고 특이한 선거를 치르는 나라다.

미시시피,
환대의 주

State of
Mississippi

별명 환대의 주 Hospitality State

최대 도시 잭슨 Jackson

인구수 약 297.6만 명 (2019년 기준)

한반도 대비 면적 0.55

미연방 가입 1817년 12월 10일 (20번째)

미시시피라는 이름은 원주민인 오지브웨이족의 말로 '큰 강'이라는 뜻이다. 북부 미네소타주에서 시작한 미시시피강은 많은 도시를 지나 남부의 멕시코만으로 흘러간다. 말 그대로 미시시피강은 미국 북부에서 남부까지 관통하는 '큰 강'이다. 미니애폴리스, 세인트루이스, 멤피스, 뉴올리언스 같은 도시들이 미시시피강을 끼고 있다.

앞서 언급했듯 이 지방을 처음으로 탐험한 유럽인은 스페인의 탐험가 데 소토이며, 이후 프랑스의 탐험대와 드 라살이 미시시피강 유역 전체를 루이 14세에게 바치고 이곳을 루이지애나라고 불렀다.

KKK단체와 인종차별주의

미시시피주는 미국의 50개 주 중에서 흑인 비율이 가장 높고, 소득은 가장 낮은 주다. 미시시피 주기에는 마치 남부연합이 패한 것에 향수라도 품은 듯 남북전쟁 때 남부연합이 사용했던 깃발의 흔적이 남아 있다(인종차별 상징 논란으로 2020년 새로운 디자인으로 바뀌었다). 실제로 미시시피주에서는 크고 작은 인종차별과 관련된 범죄가 많이 발생했다. 그중에서도 가장 유명한 사건은 영화 〈미시시피 버닝〉으로도 잘 알려진 흑인 인권 운동가 살해 사건이다.

1964년에 발생한 이 사건은 백인우월주의 단체인 '쿠클럭스클랜 Ku Klux Klan(이하 KKK)'의 단원들이 3명의 흑인 인권 운동가들을 폭행하고 살해한 후 암매장한 사건이다. 피해자 3명 중 1명은 흑인이고 2명은 백인이었다. 이 인권 운동가들은 흑인 교회에 화재가 일어난 사건을 조사하다가 경찰에 체포되었지만 무혐의로 풀려났다. 그러나

2020년 6월까지 사용했던 미시시피주의 옛 주기(왼쪽)와 남부연합을 대표하는 남부연합기(오른쪽). 남부연합기는 훗날 인종차별 단체에서 자주 사용하면서 차별과 혐오의 상징으로 전락했다.

곧바로 KKK의 습격을 받고 실종되고 만다. 미시시피주 당국은 이 사건을 소극적으로 수사한 후 종결해버린다. 결국 여론이 들끓자 41년 만에 재수사가 시작됐다. 그럼에도 주범만 단죄했을 뿐 공범들은 모두 풀려났고, 주범인 에드거 레이 킬런은 2018년 감옥에서 사망한다. 이 사건은 미시시피주에서 벌어진 수많은 인종차별 범죄의 일면을 보여준다. '환대의 주'라는 미시시피주의 별명은 인종차별을 해서는 안 된다는 반어적 표현이나 다름없다.

미국인에게 미시시피란

미시시피강을 미국인의 마음의 고향으로 만들어준 작가가 있다면 마크 트웨인일 것이다. 그는 미시시피주가 고향은 아니지만 미시시피강이 흐르는 미주리주에서 태어났다. 마크 트웨인의 《톰 소여의 모험》, 《허클베리 핀의 모험》, 《미시시피강의 추억》은 미시시피강을 배경으로 하는 3부작으로, 미국인들에게 큰 사랑을 받았다. 그래서인지 영어에는 이런 독특한 표현이 있다. 미국에서는 'one Mississippi, two Mississippi, three Mississippi'라고 초를 세기도 한다.[21] 왜 미시시피라는 말이 1초를 의미하게 됐을까? 이 말은 특히 미국 어린이들이 숨바꼭질을 할 때 자주 사용하는데, 4음절의 미시시피를 발음하면 거의 1초가 된다. 숨바꼭질을 할 때 너무 빠르게 1부터 10까지 세는 것을 방지하기 위해 미시시피라는 말을 사용하기 시작했다고 한다.

눈물의 길

미시시피주에서 가장 큰 도시 잭슨은 미국의 제7대 대통령 앤드루 잭슨에서 따온 이름이다. 잭슨은 가혹한 해상 조치에 불만을 가진 미국이 영국과 벌인 전쟁인 '1812년전쟁(1812-1814년)' 중 영국군을 뉴올리언스에서 격파한 장군이다. 이 전쟁으로 미국은 인디언 부족을 지원했던 영국을 북미에서 완전히 몰아냈다. 하지만 미시시피강 서부에 인디언 중립 지역을 기대했던 인디언들의 실망은 자못 컸다. 이후 대통령이 된 잭슨은 주요 인디언 부족을 체계적으로 미시시피강 서부로 쫓아냈다. 그들은 '눈물의 길Trail of Tears'을 따라 고향인 미국 남동부 지역을 떠나야 했다. 체로키족, 머스코지족, 세미놀족, 치카소족, 촉토족이 고향을 뒤로 하고 강제 이주를 당했다. 1831년 멤피스와 테니시에서 촉토족의 이주를 지켜본 프랑스 철학자 알렉시 드 토크빌은 다음과 같이 말했다.

대체적으로 황폐하고 파괴된 분위기가 깔려 있었다. 그리고 돌이킬 수 없는 최후의 느낌이 가득했다. 슬픔 없이는 볼 수 없는 그런 광경이었다. 인디언들은 고요했지만, 침울하고, 말이 없었다. 영어를 할 수 있는 한 사람이 있어서, "왜 당신네들은 당신의 나라를 떠

납니까?"라고 물었더니, "자유롭고 싶어서요!"라고 답했다. 그에게 더 이상 알아볼 수 있는 것은 없었다. 우리는 추방을 지켜보았다. 가장 축복받고, 오래된 미국 원주민이었다.[22]

4부

★★★

원주민의 발자취
중부 지역

앨라배마,
딕시의 심장

State of Alabama

별명 딕시의 심장Heart of Dixie,

노랑멧새 주Yellowhammer State,

목화의 주Cotton State

최대 도시 버밍햄Birmingham

인구수 약 490.3만 명(2019년 기준)

한반도 대비 면적 0.62

미연방 가입 1819년 12월 14일(22번째)

영화 〈포레스트검프〉를 보면 넓은 농장 깊은 곳에 주인공 검프의 집이 나온다. 이 영화의 배경이 바로 미국 남부의 앨라배마주다. 영화에 나오는 넓은 농장은 남북전쟁 이전의 드넓은 목화밭이었을 것이다. 앨라배마주의 별명은 '딕시(동남부의 주를 가리키는 표현)의 심장'이다. 앨라배마주를 떠올리면 목화밭에서 일했을 수많은 흑인 노예와 농장의 대저택에 사는 백인 주인의 모습이 그려진다. 앨라배마의 주기는 옛 남부연합의 깃발을 본떠 만들었다는 것이 정설이다. 주 정부가 이 깃발을 채택한 시기가 남북전쟁이 끝난 직후라는 점에서 더 그렇다.

남부연합의 깃발과 유사한 앨라배마의 주기.

남부연합의 깃발이 인종차별의 상징으로 전락하자 현재 미국 국회의사당에서는 앨라배마의 주기를 게양하지 않고 있다.

앨라배마주의 별명 중 하나인 '노랑멧새 주'의 유래도 남북전쟁과 관련이 있다. 남북전쟁 당시 남부군에 속했던 앨라배마 병사의 군복에 노란색이 들어가 있었는데, 이것이 마치 노랑멧새를 연상시킨다고 해서 생긴 별명이다.

앨라배마 지방을 처음으로 탐험한 사람들은 스페인 사람들이었지만 그 후 프랑스인들이 이곳에 식민지를 개척했다. 그들은 노예들을 이용하여 대규모 농장(목화와 담배)을 경영했다. 앨라배마라는 이름은 크리크족의 한 부족인 앨라배마족의 말에서 나왔다고 한다. 하지만 그 정확한 의미에 관해서는 의견이 분분하다. 그중에서 가장 신빙성이 있는 주장은 앨라배마족이 속한 촉토어로 '알바'는 '식물', '아모'는 '자르다'를 뜻하기 때문에 앨라배마가 '풀을 베는 자들'이라는 것이다.

마틴 루터 킹과 셀마 몽고메리 행진

앨라배마주를 얘기할 때 빼놓을 수 없는 인물이 인권 운동가 마틴 루터 킹 목사다. 킹 목사는 1963년 4월 12일 앨라배마의 버밍햄에서 열린 시위 운동에서 스스로 구치소를 찾아가 투옥되었으며, 같은 해 링컨 기념관 앞에서 유명한 연설을 했다.

나에게는 꿈이 있습니다. 조지아주의 붉은 언덕에서 노예의 후손들과 노예 주인의 후손들이 손을 잡고 나란히 앉는 꿈입니다.

나에게는 꿈이 있습니다. 불의와 억압이 상존하는 미시시피주가 자유와 정의의 오아시스가 되는 꿈입니다.

나에게는 꿈이 있습니다. 우리 아이들이 피부색을 기준으로 사람을 평가하지 않고 인격을 기준으로 사람을 평가하는 나라에서 살게 되는 꿈입니다.

1963년 워싱턴의 링컨기념관 앞에서 "나에게는 꿈이 있습니다" 연설을 하는 마틴 루터 킹 목사.

1965년 3월, 셀마의 에드먼드 피터스 다리에서 행진하는 시민들과 경찰이 대치하고 있다.

2020년 3월, 셀마 몽고메리 행진 55주년을 기념하기 위해 시민들이 에드먼드 피터스 다리에 모였다.

앨라배마의 주도 몽고메리에서도 중요한 인권 운동이 일어났다. 몽고메리는 1861년 5월 남부연합의 수도가 버지니아주 리치먼드로 이전할 때까지 아메리카 연합국(아메리카 남부연합) 최초의 수도였다. 미국 현대사에서 몽고메리를 대외적으로 알린 사건은 '셀마 몽고메리 행진'이었다. 1965년 3월 7일 500여 명의 시민이 앨라배마의 셀마를 출발하여 몽고메리로 향했다. 그 당시 셀마의 흑인 중 절반 이상은 투표권을 보장받지 못했다. 앨라배마주는 미시시피, 테네시와 함께 흑인의 인권이 최악이었다. 행진은 총 세 번 진행되었고, 두 번째 행진에는 킹 목사도 동참했다. 이날 행진에서는 백인 인권 운동가 제임스 리브가 인종차별주의자들의 공격을 받아 목숨을 잃기도 했다. 전통적으로 인종차별이 심했던 남부의 주에서 흑인들이 참정권을 쟁취하기까지는 이런 희생이 있었다. 그리고 마침내 셀마의 희생이 있은 지 몇 달 지나지 않은 1965년 8월 6일, 린든 존슨 대통령이 미국 역사상 가장 중요한 민권법 중 하나인 흑인 투표권법에 서명한다.

아칸소,
강의 하류에 사는 사람들

**State of
Arkansas**

별명	해바라기 주Sunflower State
최대 도시	리틀록Little Rock
인구수	약 301.8만 명(2019년 기준)
한반도 대비 면적	0.97
미연방 가입	1836년 6월 15일(25번째)

미국 50개 주 중에서 우리에게 잘 알려지지 않은 곳이 아칸소주다. 이름도 생소하고 딱히 떠오르는 것이 없다. 아칸소주 자동차 번호판에는 '자연의 주'라고 적혀 있고, 주 별명도 '해바라기 주'라서 특별하게 내세울 것이 없는 지역처럼 보인다. 그래서 아칸소 정부는 주도의 이름을 딴 리틀록 공항을 빌 앤 힐러리 클린턴(미국의 42대 대통령) 공항으로 바꾸어 아칸소주를 대외적으로 홍보하고 있다. 빌 클린턴 대통령이 아칸소주 주지사를 역임했기 때문이다. 하지만 아칸소주에도 나름의 흥미로운 이야기가 있다.

강 하류에 사는 사람들의 땅

아칸소주는 철자와 발음이 특이하다. 'Arkansas'를 발음하면 알캔자스가 될 것 같은데 발음은 아칸소다. 사실 'Arkansas(아칸소)'와 'Kansas(캔자스)'가 인접한 지방인 것처럼 명칭의 뿌리도 동일하다. 아칸소는 캔사족의 말로 '강 하류에 사는 사람들의 땅'이라는 뜻이다. 미시시피강의 상류에는 캔자스주가 있고, 하류에는 아칸소주가 있으니 지명과 지역이 일치한다. 아칸소에서 마지막 's'를 발음하지 않는 것은 프랑스어에서 마지막 자음을 발음하지 않기 때문이다. 발음이 어려운 까닭에 아칸소의 주법에는 '아칸소'라는 발음을 정확하

자연 풍광이 빼어난 아칸소주의 화이트 리버.

다이아몬드가 그려진 아칸소주의 차 번호판.

게 명시하고 있다.

미시시피강을 처음으로 탐험한 사람은 스페인의 에르난도 데 소토였지만 그 이후에 들어온 사람들은 프랑스인들이기 때문에 미시시피강 주변 주명과 도시명에는 프랑스어의 흔적이 많이 남아 있다. 아칸소주는 미시시피강 유역에서 벼농사를 짓는 주로 유명하고, 미국에서 유일하게 다이아몬드를 채굴하는 광산이 있다. 그래서 아칸소주 자동차 번호판에는 다이아몬드가 그려져 있다.

리틀록에서 일어난 흑인 인권 운동

다른 주에 비해 아름다운 경관 외에 언급할 것이 별로 없는 아칸소주에서 1950년대 말 미국 현대사에서 조명을 받은 사건이 일어났다.

1957년 9월, 연방군이 흑인 학생 9명의 등굣길을 보호해주고 있다.

미국을 만든 50개 주 이야기

1957년 9월, 아칸소의 주도인 리틀록에서 백인들이 다니는 공립 고등학교에 흑인 고등학생 9명이 등교한 것이 사건의 발단이었다. 연방 법원이 흑인 학생들의 손을 들었음에도 불구하고 아칸소 주지사는 인종차별주의 단체를 지지했고, 주방위군까지 동원하여 흑인 학생들의 등굣길을 막았다. 이 사건은 전 미국을 강타했고, 당시 대통령이었던 아이젠하워는 연방육군을 투입하여 학생 9명이 안전하게 등교하도록 도왔다. 이 사건은 지금도 흑인 인권 운동의 대표적인 사례로 꼽히고 있다.

사형 집행의 이유

OECD 회원국 중에서 현재 사형 제도가 집행되고 있는 나라는 미국과 일본이다. 한국의 경우 10년 이상 사형이 집행되지 않았기 때문에 사실상 사형 제도가 폐지된 국가로 간주된다. 미국은 주마다 법이 다르므로 사형 제도 역시 다양한 모습을 보이고 있다.

지난 2017년 2월, 아칸소 주지사 에이사 허친슨은 아칸소주의 사형수 35명 중 8명에 대해 사형을 집행하겠다고 발표했다. 아칸소주는 2005년 이후 사형이 집행된 적이 없었기 때문에 주지사의 발표는 큰 파장을 몰고 왔다. 그런데 그 이유가 더 충격적이었다. 사형 집행 시 투여하는 미다조람의 유효 기간이 끝날 경우 대체 약물을 구할 수가 없다는 것이 그 이유였다. 제약회사들이 여론을 의식해서 약물 제공을 꺼리기에 대체 약물을 구하기 힘든 상황이었다. 전신마취제로 사용되는 미다조람을 사형을 집행하는 데 사용하고 있으니 제약회사 입장에서는 큰 부담이 아닐 수 없었다.

우리의 상식으로는 이런 사태를 이해하기 힘들지 모른다. 사형제를 유지하면서 동시에 인간 생명의 존엄성을 추구하는 것이 과연 가능할 것인지에 대해서는 찬반 양론이 팽팽히 맞서고 있기 때문이다. 하지만 약물의 유효 기간이 만료되기 때문에 사형을 집행할 수밖에 없다는 주장은 많은 것을 생각하게 만든다.

그리스 신화에서 그리스 아티카의 강도였던 프로크루스테스는 기괴한 방법으로 살인을 저질러 사람들을 두려움에 떨게 했다. 그는 지나가는 행인들을 붙잡아 자신이 만든 침대에 눕히고 침대와 인질의 키를 비교했다. 키가 큰 인질은 몸의 일부를 잘라 죽였고, 키가 작은 인질은 몸을 늘여 죽였다. 약효가 만료되기 전에 사형을 집행해야 한다는 논리는 자신의 틀에 맞춰 사람을 죽이는 현대판 프로크루스테스를 보는 듯하다. 프로크루스테스는 자기가 했던 똑같은 방법으로 영웅 테세우스에게 처단당했다.

인디애나,
네이티브 아메리칸

State of Indiana

별명 촌뜨기 주 Hoosier State,

　　　미국의 교차로 Crossroads of America

최대 도시 인디애나폴리스 Indianapolis

인구수 약 673.2만 명(2019년 기준)

한반도 대비 면적 0.43

미연방 가입 1816년 12월 11일(19번째)

미국의 50개 주의 역사는 미국에는 개척과 영광의 역사지만, 원주민인 아메리카 인디언들에게는 잔혹한 역사다. 1840년대부터 미국의 정치인들은 '명백한 운명'이라는 캐치프레이즈를 들고 나와 미합중국이 정치와 사회, 그리고 경제를 모두 지배할 수 있는 운명을 신으로부터 받았다고 주장했다. 이는 근세 유럽의 전제군주들이 주장한 왕권신수설과 닮아 있다. 이 논리는 1845년에 뉴욕시의 저널리스트 존 오설리번이 처음으로 주장했다. 그는 서부로 계속 진출하여 북미 대륙 전체를 손에 넣는 것은 미국인들의 명백한 운명이며, 이 운명은

존 가스트가 1872년에 그린 〈명백한 운명〉. 미국을 의인화한 미스 컬럼비아는 여신과 같은 모습으로 공중에 떠 있다. 오른쪽(동쪽)에서 역마차와 기차가 들어오고, 왼쪽(서쪽)에는 인디언들이 쫓겨나는 모습이 보인다.

신이 정해주신 것이라고 말했다.

누가 진정한 아메리카 원주민인가

이 이론을 주장한 정치인 중에는 미국의 11대 대통령인 제임스 포크도 있다. 그러나 노예 해방을 지지했던 16대 대통령 링컨의 생각은 전임자들과 많이 달랐다. 링컨은 아메리카 인디언들을 처음으로 '아메리카 원주민Native American'이라고 불렀다. 본래 이 말은 최초로 미

미국을 만든 50개 주 이야기

국에 이주해온 앵글로·색슨계 미국인을 가리키는 말이었다. 링컨은 독일에서 온 이민자들이 자신들이 아메리카 원주민이라고 주장하자 이렇게 항의했다. "누가 진정한 아메리카 원주민일까? 허리에 작은 담요를 걸치고 큰 도끼를 손에 든 사람들이 그렇게 불려야 하지 않을 까? 우리는 그들을 고향에서 내쫓았으며, 이번에는 불행하게도 우리 조상보다 늦게 온 사람들에게 심한 학대를 받고 있다."[23]

미국인들도 양심의 가책을 느낀 것일까? 50개 주 중에서 유일하게 '인디언의 나라'라는 의미를 가진 인디애나주는 이렇게 탄생했다. 물론 인디언들을 위해서가 아니라 자신들이 개척한 새로운 땅이라는 뜻으로 그런 이름을 붙였을 것이다. 인디애나 지방에 처음으로 발을 들여놓은 유럽인은 프랑스의 탐험가 로베르 드 라살이었다. 1679년에 캐나다에서 정착한 프랑스인들이 오대호 근방을 탐험하다가 지금의 인디애나 지방까지 들어온 것이다. 식민지 개척 초기에 프랑스인들은 인디언들과 모피를 교역하면서 우호적인 관계를 유지했다. 영국인들도 인디언들에게 비싸게 모피를 구매하면서 자신들의 입지를 넓혀갔다. 하지만 1755년에 일어난 프렌치-인디언전쟁으로 영국이 프랑스를 몰아내고 이 지방을 영유하게 된다.

인디애나주 지명에 숨겨진 이야기

인디애나주는 '미국의 교차로'라는 별명처럼 다른 주로 갈 때 거쳐

가는 교통의 요지다. 한때는 자동차 산업도 발달했으나 디트로이트에 밀려 사양길에 접어들었다. 초기에 이 지방을 개척한 프랑스인들의 흔적도 몇몇 대학 이름에서 찾아볼 수 있다. 공대로 유명한 퍼듀Purdue 대학교에서 '퍼듀'는 중세 프랑스어로 '신에게Pour Dieu, For God'라는 의미다. 주로 신에게 맹세할 때 쓰는 말로, 프랑스어 발음은 '푸르디외'다. 그리고 대학 미식축구로 유명한 가톨릭 계열의 노터데임Notre Dame 대학교의 이름은 성모마리아를 의미하는 프랑스어 '노트르담Notre Dame, Our Lady'에서 나왔다.

인디애나주는 '촌뜨기 주The Hoosier State'라고 불리기도 한다. 여기서 '후저Hoosier'라는 단어를 사전에서 찾아보면 '인디애나 출신의 사람', '시골뜨기', '촌놈'이라고 나와 있다. 왜 인디애나 사람들이 '촌놈'의 대명사가 됐을까? 여러 가지 설이 있는데, 그중에서 인디애나주 공식 홈페이지에 올라온 몇 가지 설명을 소개한다.

먼저 개척 초기에 정착민들이 누군가 자신의 집을 방문할 때 "누구세요Who is here?"라고 질문한 것에서 유래했다는 설이 있다. 또 다른 주장으로는 루이빌에 살던 후저라는 계약자가 인디애나 사람들을 고용하기 시작하면서 나왔다는 것이다. 미국의 시인 제임스 휘트컴 라일리가 '후저 시인'으로 알려진 데서 유래했다는 주장도 있다. 라일리의 설명에 따르면 인디애나 정착민들이 맨손으로 격렬한 싸움을 한 다음 바닥에 떨어져 있는 귀를 보고 엄지발가락으로 가리키며

"누구 귀야Whose ear?"라고 말한 것이 '후저'가 되었다고 한다. 무엇이 진짜이든 확실한 것은 후저라는 단어가 인디애나주의 별명이 될 만큼 널리 알려졌다는 것이다.

켄터키,
링컨과 버번위스키의 고향

Commonwealth of Kentucky

별명 블루그래스 주Bluegrass State

최대 도시 루이빌Louisville

인구수 약 446.8만 명(2019년 기준)

한반도 대비 면적 0.47

미연방 가입 1792년 6월 1일(15번째)

노예 해방을 선언한 링컨 대통령의 고향이자 옥수수로 만든 버번위스키의 탄생지 그리고 우리에게 잘 알려진 치킨 프랜차이즈 본사가 있는 곳이 바로 켄터키주다. 그런데 켄터키주는 정식 명칭으로 'State'가 아니라 'Commonwealth'를 쓴다. 코먼웰스의 유래에 대해서는 매사추세츠주에서 설명한 바 있다. 미국의 50개 주 중에 코먼웰스를 사용하는 주는 총 4개다. 매사추세츠, 펜실베이니아, 버지니아주가 독립 당시에 왕정을 반대한다는 의미로 코먼웰스를 사용했는데, 독립 이후에 미합중국에 들어온 켄터키주는 왜 이 이름을 사용하고 있는 것일까? 그 이유는 버지니아주의 일부였던 켄터키주가 따로 분리되면서 버지니아주가 사용하던 코먼웰스의 명칭을 그대로 물려받았기 때문이다.

켄터키주는 17세기 초에 영국과 프랑스 탐험가들이 최초로 발을 들여놓은 땅이다. 프랑스는 남쪽의 새로운 땅을 찾아 내려왔고, 영국은 인구 팽창으로 서쪽에 신개척지를 물색하고 있었다. 1767년에는 미국 서부 개척자이자 미국 최초의 민중 영웅인 대니얼 분이 이 지방을 탐험했다.

켄터키라는 이름은 원주민 인디언들의 말에서 왔다는 설이 있다. 그 유래는 여러가지인데, 어떤 이들은 이로쿼이족의 언어로 '내일의 땅'을 의미하는 'Ken-tah-ten'이라는 말에서 왔다고 하며, 또 다른 쪽에서는 '피의 강'이라는 말에서 유래했다고도 한다.

켄터키주와 프랑스의 인연

켄터키주의 명물로는 버번위스키가 있다. 버번위스키는 옥수수를 주원료로 사용하여 증류한 다음, 불에 그슬린 새 참나무 통에서 2년 이상 숙성시킨 위스키를 말한다. 버번Bourbon은 프랑스의 부르봉 왕조의 부르봉을 영어로 읽은 것인데, 독립전쟁 당시 미국을 도와준 프랑스에게 감사하는 의미로 켄터키주의 카운티 하나를 '버번'이라고 이름 붙였고, 이 지역에서 난 위스키를 버번위스키라 부르게 됐다.

켄터키주의 버번위스키.
위스키를 참나무 통에 담아
숙성하고 있는 모습이다.

켄터키주와 프랑스의 인연은 도시 이름에서도 찾을 수 있다. 켄터키주에서 가장 큰 도시 루이빌Louisville은 프랑스 루이 16세의 이름을 따서 만든 것이다. 미국 중남부 지방에서 '-빌ville'로 끝나는 이름의 도시들을 자주 볼 수 있는데, 이는 식민지 개척 초기에는 없었던 이름이다. 독립전쟁 이후, 특히 중남부 지방에서 '-빌ville'이라는 이름의 도시들이 많이 생겨났다. 프랑스어로 '도시'를 의미하는 이 말은 독립전쟁 때 군대를 파견해 미국을 도운 프랑스에 대한 동경과 우호의 상징으로 많은 지역에서 사용됐다. 테네시주의 네시빌Nashville, 아칸소주의 파이에트빌Fayetteville(독립전쟁 때 프랑스군의 사령관이었던 라파이에트La Fayette의 이름에서 왔다), 플로리다의 잭슨빌Jacksonville 같은 중남부 도시들이 그 예다.

링컨의 고향이자 KFC의 고향

켄터키주는 미국에서 가장 존경받는 대통령 중 하나인 링컨 대통령이 태어난 곳이다. 링컨은 일리노이에서 변호사로 이름을 날렸기 때문에 그의 정치적 고향은 일리노이지만, 사실 진짜 고향은 켄터키주다. 링컨은 켄터키주의 한 통나무집에서 태어났다. 아버지는 거의 글을 몰랐고, 글을 가르쳐 주던 어머니는 9살에 여의었다. 링컨은 미시시피강에서 뗏목 만들기, 배 젓기, 목공, 정육점, 산림 관리, 상점 경리, 양조, 밭일 등 온갖 기술을 몸에 익히고, 안 해본 일이 없을 만큼 치열하게 살았다. 훗날 독학으로 변호사가 되었지만, 천성적으로 소송과는 잘 맞지 않았다고 한다.

링컨은 노예 문제를 인도적 차원에서 접근했다. 그는 노예제가 인간 본연의 존엄성을 훼손한다는 이유로 반대했다. 미합중국을 건설한 이들은 '모든 인간은 평등하게 창조되었다'고 선언했지만, 많은 사람들의 머릿속에는 '흑인을 제외한 모든 인간은 평등하게 창조되었다'는 생각이 자리잡고 있었다. 링컨은 정치를 하면서 노예제도의 존속에 끊임없이 괴로워했고, 이 제도가 남부뿐만 아니라 미국 전체를 파멸로 이끌 것이라고 생각했다.[24] 결국 링컨은 노예 제도를 폐지하고 오늘날의 미국이 탄생하는 데에 큰 역할을 했다.

사실 켄터키주는 링컨보다 다른 인물 때문에 유명해졌다고 할 수 있다. 켄터키주의 이름을 전 세계에 널리 알린 인물은 이곳에서 치킨

켄터키주 하진빌에 있는 링컨 탄생 기념관.

점을 창업한 할랜드 샌더스 대령이다. 그는 대령으로 군복무를 하지 않았지만 켄터키주 주지사가 된 친구로부터 명예로운 호칭을 받았다. 여기에서 대령은 '영감님' 정도로 볼 수 있다. 그는 많은 사업에서 실패한 뒤에 1955년 치킨 가게를 창업해 이를 명실상부한 프랜차이즈 식당으로 키웠다. 샌더스의 나이 65세 때의 일이다. 샌더스의 신화는 성공이 나이보다 그 사람의 정열과 의지에 달려 있다는 평범한 진리를 보여준다.

미국을 만든 50개 주 이야기

미네소타,
바이킹의 후예

State of Minnesota

별명	북부의 별North Star State,
	1만 개 호수의 땅The Land of 10,000 Lakes
최대 도시	미니애폴리스Minneapolis
인구수	약 564만 명(2019년 기준)
한반도 대비 면적	0.93
미연방 가입	1858년 5월 11일(32번째)

미국 중부 최북단에 위치하고 있는 미네소타주는 미국에서 백인의 인구 비율이 가장 높은 주에 속한다. 미국 전체 인구 중 백인의 비율은 평균 72%인데, 미네소타주의 백인 비율은 거의 90%에 육박한다. 특이한 점은 이들 중에서 독일계 백인이 38%이고, 북유럽계 백인이 32%나 된다는 것이다. 북유럽계 중에서는 노르웨이계가 가장 많고, 그 다음은 스웨덴, 덴마크계 순이다. 다시 말해서 미국에서 바이킹의 후손들이 가장 많이 살고 있는 주가 미네소타주라고 할 수 있다. 이 지방이 추운 지방에 익숙했던 북유럽인들이 정착하기에 적합한 지역

이기 때문에 그런 것일지도 모른다. 미네소타주는 미국에서 두 번째로 추운 지역이다.

바이킹의 후손이 살고 있는 미네소타

바이킹과 관련된 한 가지 흥미로운 사실이 있다. 1893년 미네소타주의 한 도시 켄싱턴 근처에서 바이킹의 룬 문자가 새겨진 바위가 발견됐다. 학자들은 이 바위의 진위 여부를 두고 갑론을박했다. 일부 학자들은 14세기에 북미에 상륙했던 바이킹들이 이곳까지 진출한 증거라고 주장했고, 일부는 가짜에 불과하다고 맞섰다. 진실은 밝혀지지 않았지만, 분명한 사실은 미네소타주에 바이킹의 후손들이 가장 많이 살고 있다는 점이다. 그렇기에 이 바위가 바이킹의 후손들이 나중에 만들어낸 가짜라고 주장하기도 한다.

미네소타주에서 가장 큰 도시인 미니애폴리스와 세인트폴이 쌍둥이처럼 붙어 있다고 해서 이 두 도시를 '트윈 시티Twin City'라고 부른다. 이 지방의 프로 야구팀의 이름도 미네소타 트윈스다. 북유럽인들에게 '쌍둥이'는 남다른 의미가 있다. 앞서 언급했듯 미네소타주는 백인 비율이 거의 90%이고, 그중에서도 북유럽과 독일 계통의 백인이 70%를 차지한다. 북유럽인들은 바이킹의 직계 후손들이며, 독일인들도 같은 게르만족의 후손이라 할 수 있다. 북유럽의 신화, 즉 게르만 신화에서 쌍둥이는 풍요와 다산의 신이다.

북유럽 신화에는 쌍둥이 오누이 신들의 이야기가 등장한다. 프레이르와 프레이야는 쌍둥이 오누이로, 남신 프레이르는 풍요와 햇빛, 비의 신이고, 여신 프레이야는 사랑과 풍요, 미의 신이다. 프레이야는 북유럽 신화에 나오는 모든 신들과 난쟁이와 거인들이 사랑했던 미의 여신이다. 하지만 그녀의 남편은 그런 부인의 진가를 알아주지 않고 늘 밖으로 여행을 다녔고, 프레이야는 남편이 그리워서 눈물을 흘렸다. 그 눈물이 황금이 되어 지상에 내렸다고 한다. 그래서 북유럽인들은 하늘에서 내리는 비를 '프레이야의 눈물'이라고 불렀다. 북유럽의 후손들이 많은 미네소타주에서 쌍둥이라는 지명이 예사롭게 보이지 않는 것은 당연한 일이다.

북미를 관통하여 흐르는 미시시피강은 미네소타의 작은 호수 이타스카호에서 발원한다.

1만 개의 호수

미네소타주는 오대호 주변이라 호수가 많은 지역으로 유명하다. 실제로 1만 개 이상의 호수가 있다고 한다. 미네소타의 주명은 원주민인 다코타족의 언어로 '흰 거품 물' 혹은 '하늘 빛을 띤 물'이라는 뜻이다. 1만 개의 호수가 있는 이 지방과 잘 어울리는 이름이다. 또한 미네소타주의 북부에는 북미 최대 강인 미시시피강의 발원지가 있다.

미주리,
내게 보여줘!

State of Missouri

별명   내게 보여줘 주 Show me State

최대 도시   캔자스시티 Kansas City

인구수   약 613.7만 명(2019년 기준)

한반도 대비 면적   0.81

미연방 가입   1821년 8월 10일(24번째)

미국의 중부 한복판에 위치한 미주리주는 서쪽에는 캔자스주와 남 북으로는 아이오와주와 아칸소주에 둘러싸인 내륙의 주다. 흥미롭게 도 이 주의 별명은 "내게 보여줘 Show me!"다. 미주리주 의회가 공식적 으로 이 별명이 만들어진 이유에 대해 인정하고 있지는 않지만, 공식 홈페이지에서 몇 가지 설을 제시하고 있다.

　가장 신빙성이 있는 주장에 따르면, 미주리주의 연방 의원이었던 윌러드 던컨 밴다이버가 1890년대에 해운 위원회에서 했던 다음과 같은 발언에서 유래했다고 한다. 밴다이버 의원은 광활한 미주리주의 평원만 보며 자라, 바다와 관련된 것들은 직접 보지 않고서는 동의할 수 없다는 뜻으로 이러한 말을 했다.

> 나는 옥수수와 면화, 우엉이 자라는 주에서 왔습니다. 민주당 의원 여러분들은 나를 허울 좋은 언변으로 설득시킬 생각은 하지 마십시오. 나는 미주리주에서 왔습니다. 나를 설득시키려면 직접 보여주십시오.

한편 미주리주 출신들이 의심이 많다는 속설에서 유래한 말이라는 주장도 있다. 미주리 출신 광부들이 콜로라도의 한 광산에서 파업이 일어나자 부족한 노동력을 메우기 위해 파견됐다. 그런데 미주리 광부들은 콜로라도의 광산 작업 방식에 적응을 잘 못해서 사사건건 감독에게 작업에 관한 지침서를 보여달라고 했다고 한다. 이 일화로 미주리주 사람들이 의심이 많다는 속설이 생겼고, 미주리주는 '내게 보여줘 주'라는 별명까지 얻었다는 것이다.

카누를 가진 사람들, 미주리강

미주리라는 말은 이 지역을 흐르는 미주리강에서 나왔다. 미국에서 제일 긴 강은 흔히 미시시피강이라고 생각하지만 실제로는 미주리강이다. 하지만 미주리강은 미시시피강에 합류하여 멕시코만으로 흘러

가는 주요 지류이기에 미시시피강이 가장 긴 강이라는 말도 맞다.

미주리강의 이름은 강 근처에 살던 미주리부족의 이름에서 유래했다. 미주리족은 자신들의 언어로 '우에메수리타Ouemessourita'라고 불렸는데, 이는 '카누를 가진 사람들'이라는 뜻이다. 미네소타, 미시시피 같은 주명 속에 들어 있는 '미mi'가 물과 관련이 있는 것처럼,

파리 사크레쾨르 대성당에 서 있는 루이 9세의 청동상.

미주리주의 이름에도 물과 관련된 '카누'라는 뜻이 들어 있다는 점이 흥미롭다.

루이 9세의 도시, 세인트루이스

미주리주에서 가장 큰 도시는 세인트루이스Saint Louis다. 세인트루이스는 13세기에 프랑스 국왕이었던 루이 9세의 이름에서 유래한 지명이다. 프랑스 역사에서 시민들의 존경을 받는 왕들이 몇몇 있는데, 루이 9세가 대표적인 왕이다. 우리나라로 치면 세종대왕 같은 현군이다. 루이 9세가 프랑스를 통치하던 시대는 유럽에서 십자군 원정이 한창일 때다. 신앙심이 깊었던 루이 9세는 몸소 십자군 원정에 참여했다. 하지만 13세기에 프랑스에서 성지인 예루살렘까지 간다는 것

이 얼마나 힘든 일이었겠는가?

루이 9세는 배를 타고 지중해를 건너 성지 예루살렘으로 갔다. 항해 도중 루이 9세의 배가 지중해의 키프로스섬 근처에서 좌초된 적이 있었다. 신하들은 왕에게 빨리 배에서 내릴 것을 간청했지만 루이 9세는 배 안에 수백 명이 똑같은 위험에 처해 있는데 자신만 살겠다고 내릴 수는 없다며 하선을 거부한다. 노블레스 오블리주의 대표적인 예다.

루이 9세는 십자군 원정에 한 차례 더 참여하는데, 귀국 길에 튀니지 근처에서 병에 걸려 목숨을 잃는다. 그 뒤에 로마 교황청은 루이 9세를 성인의 반열에 올려놓았다. 그래서 루이 9세의 별명은 '성왕 루이', 즉 '세인트 루이스'가 된다. 과거 프랑스가 개척한 식민지 미주리주에 프랑스 왕의 이름이 지금도 남아 있는 것이다.

남부연합에 가입한 미주리주

중부 한복판에 위치한 미주리주는 노예제를 두고 남과 북이 대치했을 때 어떤 위치에 섰을까? 남북전쟁의 전운이 감돌기 4년 전에 미주리주는 노예제를 존속하는 쪽으로 여론이 쏠리고 있었다. 그런데 이제 막 준주가 된 이웃의 캔자스는 자유주(노예제 폐지를 주장)가 될 분위기였다. 결국 노예제의 폐지를 주장하는 주민들은 캔자스 준주로 이주해갔다. 이후 남북전쟁이 터지자 남부와 북부 사이에 끼어 있던 미주리주의 여론은 둘로 나뉘고 말았다. 그러나 결국 미주리주는 노예제를 유지하자는 남부연합의 편으로 기울었다. 미주리주는 연방을 탈퇴하고 남부연합에 가입해 남북전쟁에 참전했다.

네브래스카,
워렌 버핏의 고향

**State of
Nebraska**

별명 옥수수 껍질 벗기는 기계의 주Cornhusker State

최대 도시 오마하Omaha

인구수 약 193.4만 명(2019년 기준)

한반도 대비 면적 0.91

미연방 가입 1867년 3월 1일(37번째)

한국에서 한우가 가장 맛있는 곳이 어디인지 묻는다면 횡성이라고 말할 것이다. 그렇다면 미국에서 가장 맛있는 소고기는 어디에서 맛볼 수 있을까? 이번에 소개하는 중부의 광활한 대륙, 네브래스카주다. 네브래스카주는 미국에서 가장 품질 좋은 소고기를 생산하는 곳으로 유명하다. 사람보다 소가 더 많다고 말할 정도다. 네브래스카주로 여행을 떠나보자.

미국 한복판에 위치한 네브래스카주는 면적은 남한의 두 배 가까이 되지만, 인구는 190만 명밖에 안 된다. 대전 인구보다 조금 많은 사람들이 광활한 대지에서 살고 있는 셈이다. 네브래스카주는 '옥수수 껍질 벗기는 기계의 주'라는 별명답게 미국에서도 가장 한적한 농촌이다. 물론 우리가 생각하는 농촌의 이미지와는 다르게 대규모 기계식 농법으로 옥수수 농사를 짓는 곳이다.

주식 투자의 귀재 워렌 버핏은 부자가 되고 싶은 사람의 롤모델일 것이다. 그런데 이런 세계적인 부자 버핏이 1년 중 절반 이상을 거주하는 곳이 뉴욕의 맨해튼이 아니라 미국에서도 매우 한적하고 작은 시골 네브래스카의 오마하다. 이곳이 워렌 버핏의 고향이기 때문이다.

중부의 광활한 대륙 네브래스카주는 소고기와 옥수수로 유명하다.

평평한 강 네브래스카주

네브래스카라는 발음에서부터 아메리카 인디언들 언어의 느낌이 난다. 네브래스카는 주 전체를 흐르는 플랫강을 부르는 원주민들의 말에서 유래했는데, 그 말의 뜻은 '평평한 강'이다. 다른 중부의 주들처럼 이 지방도 최초의 탐험가는 프랑스인들이었고, 그들은 이 땅을 루이지애나에 편입시켰다. 네브래스카는 남북전쟁 당시에는 주로 승격되지 못하다가 전쟁이 끝난 다음 주로 승격됐다. 그래서 링컨에게 감사하는 뜻에서 주도의 이름을 링컨으로 정했다.

혹자는 나폴레옹이 거대한 루이지애나를 1803년에 미국에 판 것이 프랑스 역사에서 가장 큰 실수라고 비꼰다. 하지만 나폴레옹이 아니더라도 이 땅은 결국 미국에게 넘어갔을 것이다. 기세등등하게 떠오르는 미국의 국운을 노쇠한 유럽 대국이 막을 수 있었을까?

농지를 무상으로 주는 홈스테드법

네브래스카주를 이야기할 때 빼놓을 수 없는 법이 바로 홈스테드법이다. 홈스테드법은 서부 개척 시대에 많은 농부들을 이주시키기 위한 제도였다. 1862년에 제정된 이 법은 자영 농지법이라고도 불렸으며, 서부의 미개발된 지역 중에서 160에이커(약 20만 평)의 토지를 무상으로 이주민에게 제공하는 법이었다. 단, 신청자(21세 이상)는 개척지에 농가를 짓고 최소한 5년 이상 살아야 한다는 조건이 있었다.

개척 이주자들에게 공유지를 부여하는 홈스테드법에 따라 네브래스카에 정착한 이주 가족.

1862년부터 4년 동안 160만 명의 자영농이 토지를 불하받았는데 그 면적이 무려 미국 총 면적의 10%에 달했다. 이 법은 1976년까지 존속했다. 네브래스카주는 미국의 주 중에서 유일하게 양원제가 아닌 단원제를 실시하고 있는 주이기도 하다.

사우스다코타, 러시모어산의 대통령들

State of South Dakota

별명 러시모어산 주The Mount Rushmore State

최대 도시 수폴스Sioux Falls

인구수 약 88.47만 명(2019년 기준)

한반도 대비 면적 0.91

미연방 가입 1889년 11월 2일(40번째)

미국에는 같은 이름을 가졌지만 남북과 동서로 분리된 주가 6개 있다. 동부의 버지니아주와 웨스트버지니아주, 사우스캐롤라이나와 노스캐롤라이나 그리고 중부의 사우스다코타와 노스다코타가 그런 주들이다. 여기서 다룰 사우스다코타주는 미국 중북부에 위치한 주다. 다코타주는 1889년 11월 2일, 남북으로 분리되어 같은 날 미합중국의 일원이 됐다.

다코타라는 말은 원주민의 언어로 '우리는 친구'라는 뜻이다. 원래 이 지방에는 7개의 원주민 부족이 살고 있었는데, 서로 전쟁을 하지

말자는 서약을 맺었다. 그러나 훗날 이 지역에서 이주민과 원주민 간에 심각한 갈등이 일어난 것을 보면, '우리는 친구'라는 지명이 슬프고도 모순되게 느껴진다.

러시모어산의 네 대통령

주의 별명에도 나와 있듯이 사우스다코타주의 상징은 미국 대통령 4명의 형상이 조각된 러시모어산이다. 이 바위산은 사우스다코타와 와이오밍주에 걸쳐 있는 블랙힐스 산악 지대에 있다. 이 바위산의 이름의 유래가 독특하다. 뉴욕 출신의 변호사 찰스 러시모어는 1885년 광산 문제로 다코타를 방문하는데, 이 바위산을 보고 산의 이름을 묻자 광산업자가 "러시모어산으로 부르죠!"라고 답했다. 이후 이 바위산은 러시모어산으로 불렸다.

러시모어산 조각의 두상 길이는 무려 60미터에 달한다. 본래는 전신을 조각할 예정이었지만 두상 조각으로 작업을 마쳤다. 맨 왼쪽부터 미국의 대통령이 차례로 조각되어 있다. 건국의 아버지 워싱턴이 가장 왼편에 있고, 그 옆에는 1803년 프랑스로부터 루이지애나를 매입하여 국토를 2배로 확장시킨 3대 대통령 토머스 제퍼슨이 보인다. 제퍼슨 대통령은 독립 선언서 작성에도 기여한 인물이다. 세 번째 두상은 파나마운하를 건설하고 혁신의 운동을 전개한 시어도어 루스벨트 대통령으로, 미국의 정치적 발전을 상징하는 대표적 인물이다. 마

러시모어산에 조각된 4명의 대통령. 미합중국의 탄생, 안정, 발전, 화합을 상징하는 인물들이다.

지막 네 번째 대통령은 노예 해방을 선언하여 남북 간의 갈등을 봉합한 링컨 대통령이다. 러시모어 조각상은 무려 14년(1927-1941년)에 걸쳐 완성됐다.

제퍼슨과 루스벨트 대통령

미국의 국부 워싱턴에 관한 이야기는 워싱턴주에서 하기로 하고 여기서는 워싱턴의 오른편에 있는 제퍼슨과 루스벨트 대통령에 대해 이야기해보자. 3대 대통령인 토마스 제퍼슨은 버지니아 식민지에서 태어나 변호사로 활동했다. 제퍼슨이 미국의 독립전쟁에 참여하게

미국을 만든 50개 주 이야기

된 계기는 독립선언서를 작성한 것이었다. 뛰어난 필력의 제퍼슨은 독립선언서의 초안을 작성하는 일을 맡게 되었고, 당시 유럽을 휩쓸던 계몽사상을 바탕으로 초안을 작성했다. 독립선언서 초안에는 노예 무역을 비판하는 조항이 있었으나, 제퍼슨의 반대에도 불구하고 결국 포함되지 않았다. 1776년 7월 4일, 대륙회의에서 독립선언서가 승인됐다. 이 날이 미국의 독립 기념일이 되었고, 제퍼슨은 조지 워싱턴과 더불어 건국의 아버지로 불린다.

세 번째 인물은 미국의 26대 대통령 시어도어 루스벨트다. 루스벨트는 소수 기업의 독과점 철폐와 철도 국유화 등의 혁신적인 정책을 펴서 존경받는 정치인이다. 하지만 미국의 입장과는 다르게 한국의 시각에서 루스벨트는 일본이 대한제국을 병합하는 데 일조한 인물이다. 유명한 가스라-태프트 밀약을 승인한 사람이 바로 시어도어 루스벨트이기 때문이다. 이 밀약에 따라 일본은 필리핀에 대한 미국의 식민지 통치를 인정했으며, 미국은 일본이 대한제국을 침략하고 한반도를 통치하는 것을 묵인했다. 우리도 모르는 사이에 일본과 미국이 대한제국과 필리핀을 나눠가진 것이다. 역사에는 영원한 적도, 영원한 우방도 없는 법이다.

노스다코타,
미국 속의 독일

State of
North Dakota

별명 평화 공원의 주 Peace Garden State

최대 도시 파고 Fargo

인구수 약 76.21만 명(2019년 기준)

한반도 대비 면적 0.81

미연방 가입 1889년 11월 2일(39번째)

사우스다코타가 러시모어의 대통령 석상으로 유명하다면, 북쪽에 위치한 노스다코타는 평원 지대가 많고 인구도 많지 않은 한적한 지방이다. 노스다코타주도 사우스다코타주와 마찬가지로 남한의 면적에 거의 2배에 해당한다. 그러나 인구는 경기도 안산시 인구와 비슷한 76만 명에 불과하다. 캐나다와 국경을 맞대고 있어 겨울에는 영하 60도까지 내려가는 곳이 있을 정도로 추운 곳이기도 하다.

프랑스의 탐험가 로베르 드 라살이 미시시피강 주변의 땅을 모두 프랑스령 루이지애나로 편입시켰기 때문에 노스다코타의 남서부 지방도 루이지애나에 포함된다. 원주민이 있어도 먼저 발견한 땅을 자기 땅이라고 일방적으로 선포했던 유럽 제국의 탐욕이 그대로 드러나는 대목이다. 이 지방에는 프랑스인과 영국인이 차례로 들어왔고, 개척이 시작되자 많은 사람들이 농업을 위해 이주했다. 그중에는 특히 독일인과 북유럽인들이 많았는데, 주도의 이름을 독일 제2제국의 철혈 수상인 비즈마크(독일명 비스마르크)라고 지어 많은 독일 이민자를 끌어모을 수 있었다. 지금도 독일계와 노르웨이계 주민들이 전체 인구의 절반 이상을 차지한다. 미국에서 인구가 세 번째로 적은 주이며, 관광 자원도 별로 없다. 하지만 최근에 석유가 발견되어 인구가 급속도로 증가하는 추세다.

평화 공원의 주

본래 다코타주는 분할 되기 전에 알래스카, 텍사스, 캘리포니아 다음으로 큰 주였다. 그러나 주의 면적이 너무 크다 보니 효율적으로 주를 관리하기 어려워 분할했다. 1889년 연방 의회가 다코타주의 분할을 승인하여 노스다코타주가 먼저 주로 분리됐다. 오늘날 노스다코타주에 끝없는 초원이 펼쳐진 배경에는 홈스테드법이 큰 원인으로 작용했다. 물이 없는 건조 지역이라 농사를 지을 수 없었지만, 미국 정부가 서부 개척을 위해 관개 시설을 만들어주자 많은 이주자들이 이곳으로 흘러들어왔다. 지금은 석유 개발이 한창이라서 관련된 일

끝없는 평원이 펼쳐진 노스다코타의 한 고속도로.

자리를 많이 창출하고 있다.

주의 별명은 '평화 공원 주'인데, 여기에서 말하는 평화는 이웃 나라인 캐나다와 평화를 유지하며 공생한다는 의미다. 하지만 원주민인 아메리카 인디언(수우족)은 보호구역에서 살고 있다. 토지를 개인이 소유한다는 개념 없이 이동하며 농사를 짓던 인디언들에게 평화는 찾아왔을까?

오클라호마,
선점 이주자의 땅

State of Oklahoma

별명 선점 이주자의 주Sooner State

최대 도시 오클라호마시티Oklahoma City

인구수 약 395.7만 명(2019년 기준)

한반도 대비 면적 0.82

미연방 가입 1907년 11월 16일(46번째)

촉토족의 언어로 '붉은 사람들'이라는 뜻을 가진 오클라호마주는 20세기 초에 합중국에 들어온 막내 주에 속한다. 천연가스와 원유의 생산지이기도 한 이곳은 비약적인 경제 성장이 지속되는 곳 중 하나다. 오클라호마주에서는 지금도 25개의 인디언 언어가 사용된다. 인디언 인구수가 캘리포니아에 이어 두 번째로 많고, 면적 대비 인구 비율은 가장 높은 곳이다. 역사적으로 오클라호마주는 프랑스령 루이지애나에 속하는 땅이었다. 그런데 이후 남북전쟁을 걸치면서 오클라호마는 촉토족처럼 강제로 이주해온 인디언들이 새롭게 정착한 땅이 됐다. 1890년까지 무려 30개의 인디언 부족이 오클라호마로 이주해왔다.

인디언의 눈물이 서린 땅

1887년, 인디언들이 공동으로 소유하고 있던 토지를 사유지로 바꾸어 매매를 가능하게 하는 도스법이 통과됐다. 이 법의 원래 의도는 토지를 개인의 사유지로 바꾸어놓음으로써 토지가 부족 전체에 속한 것이라는 인디언의 전통적인 토지 개념을 무너뜨리고, 인디언들을 백인 사회에 동화시키려고 한 것이었다. 그런데 이 법이 통과되자 인디언들 개인에게 할당된 토지가 급속도로 백인들에게 넘어오기 시작했다. 인디언들의 토지가 많았던 오클라호마는 토지를 선점하려는 백인들의 복마전이 됐다. 특히 임자가 없는 빈 땅은 먼저 말뚝을 박는 자가 주인이었다. 그래서 오클라호마주의 별명이 '선점 이주자의 주Sooner State'가 됐다. '조금 더 먼저 경계를 넘어 토지를 확보한 자'라는

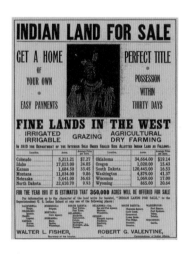

인디언에게 할당된 땅을 판다는 내용의 광고지. 백인들이 인디언들의 식량인 들소를 멸종시키자 인디언들은 땅을 팔 수밖에 없었다.

미국을 만든 50개 주 이야기

의미에서 생긴 별명이다.

오클라호마주는 인디언들의 눈물이 서린 땅이다. 미국 정부는 남동부에 터를 잡고 살던 5개의 '문명화된' 부족들(체로키족, 촉토족, 치카소족, 크리크족, 세미놀족)을 현재의 아칸소

1889년 오클라호마의 랜드 러시. 먼저 말뚝을 박는 자가 땅의 임자다.

주와 오클라호마주로 강제로 이주시켰다. 이들이 이동한 경로를 '눈물의 길'이라고 부른다. 하지만 새로 이주한 지역에는 이미 백인들과 다른 인디언 부족들이 살고 있었다. 이 다섯 부족은 이후 오클라호마에 정착해 현재 여러 도시의 모태가 되는 곳을 만들었다. 오클라호마의 동부 지방에는 인디언들이 정착해 형성한 인디언 준주Indian Territory가 있다. 인디언 준주는 인디언 정착을 위해 미국 정부가 인디언들에게 할당한 땅을 말한다. 1905년 인디언 준주는 '세쿼야 주'라는 이름으로 미연방에 참가하려고 문을 두드렸지만, 미국 정부는 오클라호마주에 2개의 주는 필요 없다며 인디언들의 가입 신청을 반려했다. 그리고 1907년 오클라호마주가 미연방에 가입하면서 인디언 준주는 자연스럽게 사라졌다. 미국 역사에서 첫 인디언 주가 탄생할 수도 있었지만 워싱턴 정부는 결코 인디언 주의 탄생을 용인하지 않았다.

테네시,
남북전쟁의 전장

State of
Tennessee

별명 의용군 주 Volunteer State

최대 도시 멤피스 Memphis

인구수 약 682.9만 명(2019년 기준)

한반도 대비 면적 0.49

미연방 가입 1796년 6월 1일(16번째)

테네시주는 미 대륙의 중부와 동부 사이에 가로로 길게 뻗어 있다. '테네시Tennessee'라는 이름을 보면 미시시피의 철자처럼 자음이 연속해서 나오니 영어도, 프랑스어도 아닌 것으로 보인다. 테네시는 이 지방에 살던 체로키족의 언어로 '마을'을 뜻하는 '테나시Tenasi'에서 나온 말이다. 체로키족은 북미 대륙의 인디언 중에서 문명화된 5개의 부족에 속한다. 여기에서 북미 인디언들이 문명화되었다는 것은 백인들의 관습을 받아들이고 백인들과 비교적 좋은 관계를 유지했다는 의미다. 거꾸로 말하면 자신들의 정체성을 상실한 것일 수도 있다.

미국을 만든 50개 주 이야기

테네시주의 별명은 '의용군 주'다. 이 별명은 신생국인 미국과 당시 세계 최강국이었던 영국 사이에 벌어진 '1812년전쟁'의 '뉴올리언스 전투'와 관련이 있다. 치열했던 전쟁은 1815년에 종식되어 정전 조약까지 체결되었으나, 미국 남부에서 교전 중인 양국의 군대에게 그 사실이 전달되지 않았다. 당시 뉴올리언스에 주둔하고 있던 미군은 영국군을 대상으로 큰 승리를 거두었는데, 이 전투에서 테네시주 출신의 의용군들이 용맹을 떨쳤다.

고대 이집트의 찬란한 문명을 좇다

미국에서 가장 많은 관광객이 찾는 명소는 워싱턴 D.C.의 백악관이다. 그렇다면 두 번째로 많이 찾는 광관 명소는 어디일까? 바로 테네시주에서 가장 큰 도시인 멤피스다. 도대체 인구 68만 명에 불과한 멤피스에 무엇을 보기 위해 그렇게 많은 사람들이 오는 것일까? 로큰롤의 황제 엘비스 프레슬리가 1957년부터 1977년까지 살았던 저택이 멤피스에 있기 때문이다. 대중문화의 대국답게 로큰롤의 황제는 지금도 많은 사람들의 사랑을 받고 있다.

엘비스 프레슬리가 살았던 그레이스랜드 저택.

이집트 고왕국의 수도였던 멤피스의 흔적과 오늘날 테네시주의 최대 도시 멤피스.

  지금까지 살펴본 것처럼 미국의 도시명은 민족 구성만큼이나 그 유래가 다양하다. 영국과 스페인 그리고 프랑스의 도시명이 들어간 것은 당연하고, 독일의 재상(비스마르크)과 같은 역사적인 인물의 이름도 들어가 있다. 테네시주의 멤피스Memphis는 기원전 2200년까지 이집트 고왕국의 수도였던 멤피스에서 따온 이름이다. 멤피스는 그

미국을 만든 50개 주 이야기

리스식 이름이며, 이집트인들은 이를 '하얀 담'이라는 뜻의 '이네브 헤지Ineb Hedj'라고 불렀다. 이후 신왕국 시대에 다시 이곳이 이집트의 수도가 되면서 '오래 가면서 변하지 않는'이라는 뜻의 '멘 네페르Men nefer'로 이름이 바뀌었고, 이 명칭에서 그리스어 멤피스가 나왔다. 미국인들이 테네시주 제1도시에 멤피스의 이름을 붙인 것은 고대 이집트의 찬란한 문명을 신대륙에서도 꽃피우길 바라는 염원에서였을 것이다.

5부

★★★

스페인의 후예들
서부 지역

애리조나,
그랜드캐니언의 주

State of Arizona

별명 그랜드캐니언 주 Grand Canyon State

최대 도시 피닉스 Phoenix

인구수 약 727.9만 명(2019년 기준)

한반도 대비 면적 1.34

미연방 가입 1912년 2월 14일(48번째)

미국 서부와 중서부가 아직 멕시코의 영토였던 1824년은 미국이 프랑스로부터 루이지애나를 매입한 지(1803년) 20년밖에 지나지 않았던 때다. 미국은 2배로 확대된 영토를 정비하느라 아직 태평양으로 진출할 여유가 없었다. 하지만 서부 진출을 가로막고 있던 루이지애나가 해결되었기 때문에 미국이 태평양까지 영토를 확대하는 것은 시간 문제였다. 서부를 차지하고 있던 멕시코는 프랑스처럼 위협적이지 않았기 때문이다.

다음 지도를 보면 현재 미국 서부의 3분의 1 정도가 당시에는 멕

1824년 멕시코의 영토를 보여주는 지도.

시코의 영토였다. 원래는 스페인령이었던 이 지방들이 1821년 스페인으로부터 독립한 멕시코의 영토가 된 것이다. 신생 독립국 멕시코가 북미의 서부를 차지했다는 사실은 미국에 행운이었다. 1847년 미국은 멕시코와 전쟁을 벌여 애리조나주를 비롯한 거대한 서부의 영토를 새로 확보했다.

미국을 만든 50개 주 이야기

나바호 자치국을 세운 나바호족

애리조나주는 캘리포니아의 남부와 경계를 맞대고 있다. 애리조나라는 이름의 어원에 대해서는 여러 설이 있으나, 주로 스페인어와 관련된 것이 많다. 스페인어 '황무지Zona arida'에서 왔다는 주장이 있고, 북부 스페인의 소수어인 바스크어로 '좋은 참나무Aritz ona'에서 왔다는 설도 있다. 스페인과 멕시코를 거쳐 미국의 영토로 편입된 애리조나주는 48번째로 미연방에 합류한 주다. 알래스카주(49번째)와 하와이주(50번째)를 제외하면 가장 늦게 가입했다.

애리조나주는 미국에서 인디언 부족들이 가장 많이 사는 지역으로, 인디언의 수가 약 10만 명에 이른다. 나바호족, 모하베족, 아파치족, 호피족 등 다양한 민족들이 인디언 보호구역에서 살고 있다. 미국 내 인디언 부족의 수는 565개이며, 그중에서 나바호족은 약 30만 명의 인구를 가진 가장 큰 민족이다. 이들은 애리조나주, 뉴멕시코주, 유타주에 있는 인디언 보호구역에서 살고 있는데, 그 면적을 다 합하면 대한민국의 70%가 된다(7,100제곱킬로미터). 나바호족은 애리조나의 윈도우락을 수도로 삼고, 그들이 사는 곳을 '나바호 자치국'이라고 부르고 있다. 그런데 정말 인디언들은 보호구역에서 자신들만의 나라를 이루고 자유롭게 살고 있을까?

애리조나주 나바호 자치국의 나바호족 사람들.

창살 없는 감옥, 인디언 보호구역

미국의 제7대 대통령 앤드류 잭슨은 1830년 '인디언 제거법Indian Remove Act'을 제정하여 동부에 살던 인디언들을 서부로 강제 이주시켰다. 그 결과 조지아주에 살던 인디언들은 오클라호마주까지 걸어가다가 반 정도가 사망했다. 연방 정부가 광활한 서부 지역을 백인 이주자들에게 무상으로 분배하자 인디언들에게 돌아갈 땅이 부족했다. 그 와중에 심지어 이미 인디언들에게 주었던 땅을 다시 몰수해 백인들에게 주는 일이 벌어졌다. 제국주의가 온 유럽을 휩쓸고 있을 때였으니 인디언들의 땅을 몰수하는 것은 일도 아니었을 것이다. 연

미국을 만든 50개 주 이야기

방 정부는 '인디언 토지 전용법Indian Appropriation Act'을 만들어 합법적으로 인디언들의 토지를 빼앗기 시작했으며, 인디언 보호구역을 만들어 인디언들이 허가 없이는 이곳에서 나오지 못하게 했다. 사실상 인디언들에게 이곳은 창살 없는 감옥이었던 셈이다. 미국 정부는 인디언 보호구역을 여기저기에 만들어 인디언들이 힘을 모아 저항할 수 없게 만들었다. 인디언 보호구역에 사는 인디언들은 다양한 금지 조항에 억눌려 살았다. 인디언 전통 의상을 입지 말 것, 사냥을 하지 말고 농사를 지을 것, 미신과 전통 종교를 버릴 것, 어느 것 하나도 인디언들이 받아들일 수 없는 구속 조항이었다. 이렇게 북아메리카의 인디언들은 대륙에서 사라져갔고, 원주민의 땅에 정착한 백인들은 경제적인 풍요를 누리게 됐다.

그랜드캐니언의 주

애리조나주의 별명은 그랜드캐니언의 주다. 그랜드캐니언 하면 황무지나 사막이 떠오르지만 애리조나주가 그러한 지형이 많은 주라고 생각하면 오산이다. 사실 애리조나주의 3분의 1은 농장이다. 한반도 면적의 1.3배나 되는 애리조나주의 3분의 1이라면 거의 대한민국 전체 면적과 맞먹는 지역이 전부 농경지인 셈이다. 애리조나주는 경제 규모가 세계 61위인 부유한 주다. 핀란드나 이집트 같은 나라보다 경제 규모가 크다는 말이다. 애리조나의 산업은 5C, 즉 구리copper, 면화cotton, 축우cattle, 감귤류citrus, 좋은 날씨climate로 요약된다. 애리조나주의 경제 구조를 한번에 이해할 수 있는 대목이다.

세계적인 관광지 그랜드캐니언. 애리조나주의 별명은 그랜드캐니언 주다.

모뉴먼트밸리의 웨스트 미튼West Mitten 바위. 나바호족의 성지로 유명하다. 단단한 사암 지대가 침식을 거듭한 결과 현재의 거대한 기둥만 남아 있다.

미국을 만든 50개 주 이야기

플로리다,
꽃과 태양의 주

**State of
Florida**

별명 햇빛의 주Sunshine State

최대 도시 마이애미Miami

인구수 약 2,148만 명(2019년 기준)

한반도 대비 면적 0.62

미연방 가입 1845년 3월 3일(27번째)

반도 모양의 플로리다주는 북미 대륙의 꼬리처럼 생겼다. 동부 지역인 플로리다주를 1부에서 다루지 않고 서부 지역과 함께 스페인의 후예 지역으로 분류한 것은 이곳이 오랫동안 스페인의 식민지였기 때문이다.

플로리다 식민지는 미국에서 가장 오래된 식민지다. 1513년 스페인의 탐험가 후안 폰세 데 레온이 이 지방을 발견하고 이곳을 플로리다라고 불렀다. 플로리다는 '꽃의 축제'를 의미하는 스페인어 '파스쿠아 플로리다Pascua Florida'에서 나왔다. 스페인어에서 파스쿠아Pascua

는 부활절을 의미하며, 플로리다Florida는 꽃을 뜻하는 플로라Flora에서 나온 말이다.

스페인의 땅 플로리다는 어떻게 미국이 됐나

새롭게 발견한 땅의 이름은 꽃처럼 아름다웠으나, 그 이후의 역사는 그렇지 않았다. 남쪽으로 내려오려는 미국 동부의 주들과 동쪽으로 이동하려는 프랑스가 서로 플로리다 반도를 손아귀에 넣으려고 했기 때문이다. 1783년 독립전쟁이 끝나고 미국은 동부 지방의 다른 주들을 연방에 묶어두는 데는 성공했지만 동부 끝자락의 플로리다는 여전히 스페인령이었다. 신생 독립국인 미국과 1513년부터 플로리다의

1672-1695년에 걸쳐 완성된 플로리다의 카스틸로 데 샌마르코스 요새. 1819년 미국령이 되기 전까지 이곳은 스페인이 지배하던 카리브해의 전초 기지였다.

미국을 만든 50개 주 이야기

영유권을 가지고 있던 스페인은 결국 전쟁으로 격렬히 충돌했다. 그러나 전쟁의 승리는 미국에게 돌아갔다. 미국은 1819년 애덤스-오니스조약을 맺고 플로리다를 차지하게 된다. 동부 13개의 식민지에서 시작한 미국은 프렌치-인디언전쟁에서 숙적 프랑스를 제압하고 스페인마저 플로리다에서 축출한다. 남은 걸림돌은 원주민인 인디언들뿐이었다. 하지만 그들은 경쟁의 대상이 아닌 정리의 대상이었다.

플로리다의 정치적 성향

지리적으로 남부 지방에 위치한 플로리다주는 남북전쟁 당시 남부연합에 속해 있었다. 지금도 주기를 보면 앨라배마의 주기처럼 남부연합의 깃발을 연상시킨다. 남북전쟁이 끝나자 플로리다주는 노예제를 폐지했지만, 연방 정부가 요구하는 다른 조건들은 수용하지 않았다. 전쟁의 앙금은 오래가는 법이다.

플로리다주에는 스페인계 백인과 쿠바에서 공산 혁명을 피해 탈출한 쿠바계 백인들이 많이 살고 있다. 여기에 프랑스어를 사용하는 아이티 출신의 이민자들도 많이 거주하고 있다. 그렇다 보니 백인의 비율이 미국 평균보다 더 높은 편이다. 인구는 캘리포니아

플로리다의 주기.

와 텍사스에 이어 세 번째로 많다. 대통령을 뽑는 선거인단의 수도 캘리포니아, 텍사스 다음으로 많다(29명으로 뉴욕주와 같다). 그렇기에 플로리다는 미국 대선에서 중심추를 옮길 수 있는 중요한 주다. 전통적으로 캘리포니아는 민주당, 텍사스는 공화당이지만 플로리다는 가변적이다. 2020년 대선처럼 최근에는 공화당 후보를 선출하는 추세다.

휴양지이자 히스패닉의 문화를 지닌 마이애미

플로리다의 최대 도시 마이애미Miami는 인디언 말로 '부드러운 물'이라는 뜻이다. 중부 지방에서 미시시피, 미네소타, 미시간 등 지명에 들어가는 '미Mi'가 원주민의 언어로 물을 뜻한다는 사실을 확인한 바

플로리다의 최대 도시 마이애미는 아름다운 해변으로 유명한 휴양지다.

미국을 만든 50개 주 이야기

공산화된 쿠바를 피해온 사람들이 쿠바와 가까운 플로리다에 모여들면서 플로리다는 히스패닉 문화가 강한 지역이 됐다.

있다. 마이애미라는 지명에서도 이를 알 수 있다. 마이애미는 그 이름이 뜻하는 것처럼 아름다운 해변으로 미국에서 손꼽히는 휴양 도시다. 하지만 치안은 좋지 않은 편이다. 쿠바인이 도시 인구의 30% 이상을 차지하며, 히스패닉 문화가 강한 곳이기도 하다.

아이다호,
보석의 주

State of
Idaho

별명 보석의 주Gem State

최대 도시 보이시Boise

인구수 약 178.7만 명(2019년 기준)

한반도 대비 면적 0.95

미연방 가입 1890년 7월 3일(43번째)

아이다호주의 이름은 이 지역의 원주민인 쇼쇼니족의 말에서 나왔다. 그런데 이름이 만들어진 과정이 특이하다. 광산업 로비스트인 조지 윌링이 광산 개발에 투자자들을 끌어들이기 위해 쇼쇼니족의 말 'E Dah Hoe(에 다 호)'를 가지고 와 이 말의 뜻이 '보석의 땅'이라고 퍼뜨리고 다녔다. 하지만 이곳에서 유용한 광물이 발견되지 않았고, 윌링의 실망도 컸다. 이미 아이다호라는 말은 사람들의 입에서 입으로 퍼져나간 뒤였다. 그런데 놀랍게도 시간이 흘러 이 지역에서 정말로 광물이 발견되었고, 지금은 아아디호에서 금, 은, 구리 등 많은 광

미국을 만든 50개 주 이야기

물이 채굴되고 있다.

아이다호의 주도이자 최대 도시인 보이시Boise는 프랑스어로 '숲'을 의미하는 'Bois(부아)'에서 온 말이다. 도시의 이름을 통해 이 지방을 탐험했던 프랑스들의 자취와 숲이 많은 지형적 특징을 알 수 있다. 이 지방에 유럽인들이 본격적으로 들어온 것은 1800년대 초반 주로 프랑스계 캐나다인들이 모피를 얻기 위해서였다.

감자 재배량 1등, 아이다호주

아이다호는 미국에서 감자를 가장 많이 재배하는 주로 유명하다. 아이다호주 정부는 감자를 대표 식물로 선정했고 심지어 감자 박물관도 세웠다. 이 지역은 화산 지형에 눈이 녹아 흐르는 하천이 있고 밤 기후가 서늘해 감자를 재배하기 최적의 조건을 갖추고 있다. 미국에서 소비되는 감자 대부분이 아이다호의 광활한 농장에서 재배된다. 이곳의 감자는 삶거나 쪘을 때는 한국 감자에 비해 맛이 떨어지지만 튀겼을 때 그 진가가 드러난다. 그래서 세계적인 패스트푸드점 맥도날드의 프렌치프라이에는 대부분 아이다호의 감자가 사용된다. 하지만 막상 주민들은 아이다호 감자를 별로 먹을 수가 없다고 한다. 감자들이 주로 다른 주나 해외로 수출되기 때문이다.

본래 감자는 남미의 페루가 원산지인 작물이다. 영어의 'Potato'는 스페인어 'Patata'에서 왔다. 감자는 현재 지구상에서 쌀, 밀, 옥수수

아이다호주의 광활한 감자밭. 미국 전체 감자의 3분의 1이 이곳에서 재배된다.

다음으로 많이 재배된다. 남미에서 재배되던 작물이 어떻게 전 세계로 뻗어나간 걸까? 유럽에 감자가 들어간 것은 콜럼버스가 신대륙을 발견하고 80년이 지난 뒤였다.

감자는 남미의 안데스산맥의 고지대에서 자라는 작물이었는데, 잉카 제국 사람들은 감자를 '파파스Papas'라고 불렀다. 15세기 말에서 16세기 초에 스페인과 포르투갈의 정복자들이 페루에서 감자를 가져온 것이 시작이다. 감자를 처음 본 스페인의 피사로 일행은 감자를 먹어보고 그럭저럭 먹을 만하다는 평을 내놓았다. 피사로 일행이 감자를 이상하게 생각했던 것은 그때까지 감자 같은 덩이줄기 작물을

미국을 만든 50개 주 이야기

본 적이 없었기 때문이었다. 특히 감자는 씨를 뿌리지 않고 조각을 내서 심으면 완전한 식물로 자라는 특이한 작물이었다.

유럽에 들어온 감자는 그 독특한 모양과 재배 방식 때문에 유럽인들의 의심을 샀다. 울퉁불퉁하고 못생긴 모양, 땅속에서 자라는 식물, 게다가 별 노력을 하지 않아도 잘 자라는 특성이 있다 보니 유럽인들 사이에서 감자가 악마와 관련된 식물이라는 의심이 싹트기 시작했다. 그중에서도 감자가 나병을 유발한다는 소문은 결정적이었다. 감자의 거친 껍질에서 나병 환자의 피부를 연상한 것이다. 감자가 성적 흥분제라는 소문도 있었다. 사실 이런 의심을 받은 작물은 고구마와 토마토였지만, 감자도 고구마와 비슷하다는 이유로 누명을 썼다. 특히 감자를 많이 먹는 아일랜드와 북유럽에서 인구가 급격히 증가하자 이런 편견은 더욱더 확산됐다. 하지만 감자는 유럽에 기근이 닥쳤을 때 큰 역할을 했다. 신대륙에서 가져온 옥수수, 고구마, 고추, 초콜릿 등 다양한 음식이 유럽인들의 식탁을 푸짐하게 해주었지만, 생명력 질긴 감자가 없었다면 유럽에 있던 수많은 사람들은 기근으로 죽었을 것이다.

몬태나,
금과 은의 주

State of Montana

별명 보물의 주Treasure State,

높은 하늘의 주Big Sky Country

최대 도시 빌링스Billings

인구수 약 106.9만 명(2019년 기준)

한반도 대비 면적 1.73

미연방 가입 1889년 11월 8일(41번째)

우리에게 비교적 잘 알려지지 않은 몬태나주는 미국 서부 지역의 가장 북쪽에 있다. 몬태나주는 미국에서 네 번째로 면적이 큰 주(한반도의 1.73배)지만, 인구는 경기도 고양시 수준인 백만 명에 불과하다. 몬태나주는 넓은 평원과 많은 천연자원을 가진 보물의 주로 알려져 있다. 이런 사실을 접할 때면 왜 미국이 아직도 초강대국인지 수긍이 간다.

몬태나는 스페인어로 '산'을 의미한다. 스페인 사람들이 이 지역을 탐험했던 자취가 이름에 남아 있는 것이다. 몬태나주의 동부는 프

미국을 만든 50개 주 이야기

랑스령 루이지애나에 포함되어 있었다. 프랑스인들이 루이지애나의 서쪽 경계를 확장하기 위해 이 지역을 탐험했을 것이다. 하지만 프랑스인들은 태평양까지는 이르지 못했다. 최초로 태평양까지 탐험한 사람은 미국인 메리웨더 루이스와 윌리엄 클라크였다. 미국이 나폴레옹으로부터 루이지애나를 매입한 지 2년 후인 1805년경의 일이다. 프랑스는 캐나다를 영국에게 빼앗긴 것처럼 북미의 서부 지방을 이렇게 미국에게 넘겨줬다. 로키산맥만 넘었으면 태평양에 이르렀을 텐데 말이다.

몬태나주의 글레이셔 국립공원. 몬태나의 이름은 산이라는 뜻의 스페인어에서 왔다.

황금과 은의 주

1860년경 몬태나주에서 금이 발견되었다는 소문이 돌았다. 캘리포니아에서 금광이 발견되자 골드러시의 붐이 몬태나까지 번진 것이다. 이후 몬태나주에서 모피 거래와 벌목 산업은 사양길로 접어들고 광산업이 번성하게 된다. 몬태나주의 문장에는 스페인어로 '황금과 은Oro y Plata'이라고 적혀 있다. 당시 금을 캐기 위해 수많은 광산이 개발되었고, 지금도 2만 개의 폐광이 남아 환경 문제를 일으키고 있다.

리틀빅혼 전투가 낳은 결과

몬태나주에는 지금도 많은 아메리카 인디언들이 살고 있다. 이 지방에서 미국과 인디언 간의 전쟁 중 가장 유명한 전투인 '리틀빅혼 전투'가 벌어졌다. 리틀빅혼 전투는 1876년 인디언 부족 중 수족과 샤이엔족이 미국의 커스터 대령이 이끄는 기마대의 일부를 궤멸시킨 전투다. 영화와 드라마의 단골 소재로도 자주 등장하는 이 전투는 미국 개척사의 전설 같은 사건으로 전해온다. 조지 암스트롱 커스터 대령은 남북전쟁과 인디언들과의 전쟁에서 기병대 사령관을 지내며 혁혁한 공을 세운 군인이었다. 그는 남북전쟁 때 남부군 총사령관 로버트 리 장군을 끈질기게 추격하여 남군의 항복을 받아낸 장본인이다.

1876년 커스터 대령은 몬태나주의 리틀빅혼 강가에 병력을 집중적으로 배치한다. 수족과 샤이엔족이 거주지를 떠나라는 미국 정부의 명령을 따르지 않았기 때문이다. 커스터 대령은 인디언 병력이 4천 명 가까이 된다는 정보를 무시한 채 250명밖에 안 되는 병력으로 공격을 감행했고, 결국 커스터의 부대는 전멸한다. 이러한 결과는 커스터 대령의 무모함 때문이었지만, 신문에서는 이 패배를 전혀 다른 방향으로 몰고 간다. 미국 건국 100주년이 되던 해에 미국의 정예 부대가 인디언들에게 몰살당했다는 사실은 국민들의 애국심을 불러일으킬 수 있는 좋은 재료였던 것이다. 졸지에 커스터는 패장에서 구국의 영웅이 됐다.

미국 정부의 보복은 무서웠다. 수족의 지도자 시팅 불Sitting Bull 은 캐나다로 도피했지만 캐나다 정부가 받아주지 않아, 다시 미국으

리틀빅혼 전투를 묘사한 그림.

로 돌아와 항복해야 했다. 수족의 전설적인 전사 크레이지 호스Crazy Horse도 연방군의 덫에 걸려 사망했다. 크레이지 호스는 이런 말을 남겼다.

우리는 버펄로를 식량으로 삼고, 버펄로 가죽으로 옷과 천막을 만들어 살아왔다. 보호구역에서 빈둥거리면서 사는 것보다 사냥하면서 살기를 원했다. 우리의 의지대로 살고 싶었기 때문이다. 먹을 것이 부족할 때도 있었으나, 보호구역을 떠나 사냥할 수도 없었다. 우리는 우리 방식대로 살기를 원했다. 정부에는 아무런 재정적 부담도 지우지 않았다. 우리가 원한 것은 평화였고 우리를 내버려두길 바랐다. 그런데도 겨울에 병사들을 보내 우리 마을을 파괴했다. '장발(커스터)'도 같은 방식으로 우리를 공격했다. 사람들은 우리가 그를 학살했다지만 우리가 끝까지 싸우지 않았다면 그는 우리에게 똑같은 짓을 저질렀을 것이다. 우리는 순간적으로 부녀자들을 데리고 탈출해야 한다고 느꼈으나 사방이 가로막혀서 싸울 수밖에 없었다.

백인들은 인디언들과의 공생을 원하지 않았으며, 결국 그들을 보호구역이라는 울타리에 가두어 동물원의 사자처럼 만들었다. 흔히 역사는 승자의 것이라고 하지만, 반대편에 있는 원주민들의 이야기를 들여다보면 쓸쓸해지는 것은 어쩔 수 없다.

네바다,
라스베이거스의 주

State of
Nevada

별명 은의 주 Silver State

최대 도시 라스베이거스 Las Vegas

인구수 약 308만 명 (2019년 기준)

한반도 대비 면적 1.31

미연방 가입 1864년 10월 31일 (36번째)

이번에 살펴볼 곳은 도박의 도시 라스베이거스가 있는 네바다주다. '네바다'라는 말은 라틴어의 'Nivea'에서 온 말로, '눈으로 덮인'이라는 뜻의 스페인어가 그 어원이다. 주의 이름이 눈과 관련 있는 것은 이곳에 산악 지대가 많다는 사실을 암시한다. 실제로 서부 개척 당시 네바다주는 황량한 지형이라 농사를 지을 수도 없었고, 단지 캘리포니아로 가는 길목이라는 인식밖에 없었다.

이 지방을 처음으로 탐험한 사람들은 스페인 사람들이었다. 그들은 뉴멕시코에서 캘리포니아로 가는 길에 네바다를 거쳐서 갔다. 이

은광이 바닥을 드러내자 네바다주의 라이오라이트Rhyolite('유문암'이라는 뜻) 같은 도시는 폐허
가 됐다. 1908년과 2009년의 도시 모습을 비교한 것이다.

후 캘리포니아에서 금광이 발견되자 네바다 남쪽에 거주하던 사람들
이 캘리포니아로 이동했다. 네바다주의 별명은 '은의 주'다. 1870년
대 네바다에서 은광이 발견되었기 때문이다. 하지만 은광은 네바다
주에 부를 가져다주지 못하고 곧 문을 닫았고, 많은 주민들이 떠나
인구가 감소했다. 그럼에도 주의 깃발에 '은의 주'라고 쓴 것을 보면,
이 명칭이 '도박의 주'보다는 역사성이 있기 때문일 것이다.

도박의 도시, 라스베이거스

네바다주를 다룰 때 라스베이거스를 빼고 얘기할 수는 없다. 1890년
네바다주 정부는 도박업자들에게 도박장을 운영할 수 있도록 허가를
내주었고, 1931년에는 아예 도박을 합법화했다. 이후 라스베이거스
의 인구는 20만 명에서 50만 명으로 늘어났고, 도시권의 인구를 합

미국을 만든 50개 주 이야기

하면 200만 명에 이를 정도로 성장했다.

라스베이거스가 도박의 도시로 탄생한 배경에는 한 남자와 관련된 어두운 이야기가 있다. '벅시'라는 별명으로 불렸던 벤저민 시걸이 그 주인공이다. 벤저민 시걸은 뉴욕 브루클린의 가난한 유대인 집안에서 태어나 마피아 조직에 들어간다. 1991년 개봉한 영화 〈벅시〉는 벤저민 시걸의 이야기를 다룬다. 영화는 벤저민 시걸이 경마 도박 사업을 서부로 확장시키기 위해 로스앤젤레스로 오면서 시작된다. 갱스터로 악명을 떨치던 벅시는 그곳에서 영화 배우인 버지니아 힐을 만나 불같은 사랑에 빠진다. 벅시는 연인을 위해 네바다 사막 한가운데 갱단의 자금을 끌어들여 수영장이 딸린 호텔과 카지노를 짓

벤저민 시걸이 세운 플라밍고 카지노 호텔(왼쪽). 사막이었던 이곳은 도박과 관광으로 유명한 대도시가 된다.

는다. 호텔의 이름은 힐이 영화 속에서 사용했던 이름인 플라밍고였다. 화려했던 벅시 인생의 전반부와는 다르게 이 호텔은 적자를 벗어나지 못하고, 마피아는 벅시가 애인에게 돈을 빼돌렸다는 사실을 알고 그를 제거한다. 악행을 많이 저질렀던 벅시의 최후였다. 하지만 벅시가 최초로 호텔을 건설했던 사막은 오늘날 한 해 4천만 명이 찾아오는 도박과 관광의 도시 라스베이거스가 됐다.

뉴멕시코,
매혹의 땅

State of
New Mexico

별명 매혹의 땅Land of Enchantment

최대 도시 앨버커키Albuquerque

인구수 약 209.7만 명(2019년 기준)

한반도 대비 면적 1.38

미연방 가입 1912년 1월 6일(47번째)

미국에서 가장 역사가 오래된 도시는 어디일까? 흔히들 보스턴이나 필라델피아를 떠올리지만, 둘 다 아니다. 가장 오래된 도시는 플로리다의 세인트어거스틴(1513년)이고, 두 번째로 오래된 도시는 바로 뉴멕시코주의 주도인 산타페(1607년)다. 산타페는 주도로서는 미국에서 가장 오래된 도시다. 두 도시 모두 스페인 이민자들이 건설한 곳이다. 북미 대륙에 처음으로 정착한 사람들이 스페인인이라는 사실은 이 두 도시의 역사를 보면 알 수 있다.

새로운 멕시코는 어떻게 미국이 됐나

뉴멕시코는 이름 그대로 '새로운 멕시코'다. 멕시코가 스페인으로부터 독립하기 전, 스페인 사람들은 지금의 캘리포니아를 '알타칼리포니아', 텍사스를 '뉴필리핀'이라고 불렀다. 뉴멕시코는 스페인어로 '누에보 메히코Nuevo Mexico'라고 불렀다.

쿠바 정복 때 공을 세웠던 스페인의 코르테스는 1519년 병사 508명과 15필의 말을 이끌고 멕시코의 유카탄 반도에 상륙했다. 코르테스는 아즈텍 문명을 멸망시키고 이 지방을 '누에바 에스파냐 Nueva España'라고 명명한다. 그런데 이 무렵 아메리카의 원주민의 수는 무려 8천만 명이었다고 한다. 극소수의 스페인 군대는 어떻게 아즈텍 문명을 멸망시킨 것일까? 유럽인들이 신대륙에 가져온 천연두가 큰 원인이었다. 천연두에 면역력이 전혀 없었던 원주민들은 스페인 군인의 입김만 들이마셔도 천연두에 감염되어 죽어갔다. 그 결과 스페인의 첫 정복 이후 150년 만에 아메리카 원주민의 수는 8천만 명에서 5백만 명으로 줄었다.

스페인은 정복의 무대를 계속해서 북쪽으로 넓혀갔다. 하지만 루이지애나를 손에 넣고 스페인의 식민지까지 차지하려는 미국을 막기는 어려웠다. 그 사이 멕시코가 스페인으로부터 독립하면서 뉴멕시코는 멕시코의 영토로 편입됐다. 하지만 이 상황은 오래 가지 못했다. 북미의 서부를 놓고 신생 독립국 멕시코와 미국이 전쟁을 벌인 것이다. 미국은 독립한 지 거의 1세기가 되었지만, 멕시코는 불과 25년밖에 되지 않았을 때였다. 미국은 이 전쟁에서 손쉽게 승리했고, 1848년 뉴멕시코는 미국의 영토가 됐다.

신성한 믿음 뒤에 숨겨진 비극

뉴멕시코의 주도 산타페는 스페인어로 '신성한 믿음'이라는 뜻이다. 고도 2,194미터에 위치한 산타페는 미국에서 가장 높은 곳에 위치한 주도다. 하지만 이름과는 다르게 산타페에는 '신성한 믿음'을 지키지 못한 비극의 역사가 숨어 있다. 1610년에 이 도시를 세운 스페인 정

미국에서 두 번째로 오래된 도시 산타페. 독특한 건축 양식으로 이국적인 느낌을 준다.

복자들은 원주민들을 닥치는 대로 강간하고 고문하며 살육했다. 스페인 병사들은 어린 소녀들까지 겁탈했는데, 이에 격분한 아코마 부족이 반란을 일으켰다. 그러자 산타페의 초대 총독 후한 데 오나테는 마을을 공격하여 800명이 넘는 원주민을 마구 죽였다. 25세 이상인 모든 남자의 한쪽 발을 절단했으며, 12세 이하의 어린이들을 프란체스코회 선교사들에게 하인으로 선물했다. 정복자들의 이러한 비인간적 횡포는 유럽인과 가톨릭에 대한 원주민들의 적개심을 불러일으켰다.

오늘날 산타페는 과거의 불행한 역사를 잊고 미국에서도 손꼽히는 문화 도시가 됐다. '매혹의 땅'이라는 주의 별명처럼 산타페는 뉴멕시코의 대표적인 문화와 역사의 도시로 탈바꿈했다. 이 도시에서 거래되는 미술품을 액수로 환산하면 뉴욕과 로스앤젤레스 다음으로 높다고 한다. 많은 예술 작가들이 산타페로 이주해 집필 활동을 하고 있다. 뉴멕시코주는 1945년 7월 16일에 최초의 원자폭탄 실험이 진행된 곳으로 크게 주목 받기도 했다. 일본에 투하된 2개의 원자폭탄이 개발된 곳이 바로 뉴멕시코의 도시 로스앨러모스다. 한편 뉴멕시코의 최대 도시는 앨버커키Albuquerque인데, 과거 스페인 제국의 도시답게 이름에서 스페인어의 흔적이 보인다. 이 도시의 서북부에 있는 리오랜초에는 인텔이나 HP 같은 첨단 기업이 위치하고 있다. 미국의 직장인들이 뉴멕시코주를 선호하는 이유가 여기에 있다.

뉴멕시코의 주기는 노랑과 빨강을 사용한 스페인 국기와 비슷해 보인다. 주기의 가운데 동그라미는 뉴멕시코의 원주민인 지아족의 태양을 나타내는 기호다. 태양에서 뻗어 나온 4개의 붉은 막대기는 지아족이 생각했던 숫자 '4'에 대한 상징인데, 이는 4계절, 4방위, 인생의 4단계(유년, 청년, 중년, 노년) 등을 의미한다.

뉴멕시코의 주기.

오리건,
비버의 주

State of Oregon

별명 비버의 주 Beaver State

최대 도시 포틀랜드 Portland

인구수 약 421.8만 명(2019년 기준)

한반도 대비 면적 1.12

미연방 가입 1859년 2월 14일(33번째)

미국에서 주의 별명에 동물이 나오는 경우는 단 두 곳이다. 하나는 루이지애나주(펠리컨 주)이고, 다른 하나는 이번에 소개하는 오리건주다. 오리건주는 '비버의 주'라는 별명을 갖고 있다. 오리건이라는 주명의 유래는 확실하게 밝혀진 것은 없고, 여러 설만 존재한다. 첫 번째 설은 스페인어에서 왔다는 설이다. 1598년 스페인에 남아 있는 기록에서 이 지방에 관한 연대기 역사서를 보면 '오리건 Oregon'이라는 지명이 등장하는데, 이는 이 지방에 자생하는 오레가노꽃에서 따온 이름일 가능성이 크다고 한다. 또 다른 주장으로는 인디언들의 말로 우라곤Ouragon강에서 왔다고도 한다. 프랑스어로 '폭풍'을 의미하는 '우라강Ouragan'에서 왔다는 설도 있다.

열강들이 탐냈던 땅, 오리건 컨트리

다음 지도에 보이는 지역은 19세기 초반의 오리건 컨트리Oregon Country 지역이다. 이 지역은 알래스카 남부에서 멕시코의 캘리포니아 지방까지의 광활한 지역으로, 현재 국경을 적용해보면 캐나다의 브리티시 컬럼비아, 미국의 워싱턴주, 아이다호주 전역과 몬태나주와 와이오밍주의 일부를 포함한다. 본래 이 지역은 미국, 영국, 러시아, 프랑스, 스페인이 서로 영유권을 주장하던 지역이었다. 그 후 러시아, 프랑스, 스페인의 영유권은 배제되었고, 최종적으로 영국이 이 지방을 미국에 양도하여 오리건주가 성립됐다.

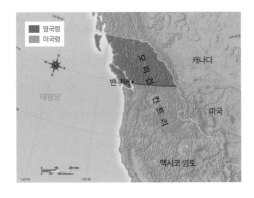

19세기 초반의 오리건 컨트리.

오리건주는 워싱턴주와 캘리포니아주처럼 태평양 연안을 끼고 있는 주다. 오리건주 서부 지역에는 해안 도시들이 발달해 있고, 중부 지역에는 가장 인구가 많은 포틀랜드시가 있다. 포틀랜드 남쪽에는 주도 세일럼Salem이 있는데, 세일럼은 히브리어로 '평화'를 뜻하는 '샬롬'에서 온 말이다.

극좌와 극우가 공존하는 오리건주

오리건주는 남북전쟁이 발발하기 전인 1844년 '흑인제외법'을 통과시킨다. 오리건주에는 흑인이 들어올 수 없으며, 기존의 노예제도 폐지한다는 것이 법안의 골자였다. 흑인 노예를 소유한 자는 3년 이내에 노예를 해방시켜야 한다는 조항도 명시되어 있었다. 만약 이 법이 시행된 다음에 오리건주를 떠나지 않은 흑인이 있다면 채찍으로 20번에서 39번까지 때릴 수 있었다. 이 법은 사실상 흑인 노예를 주에서 완전히 퇴출하고 '백인들만을 위한 오리건'을 만들려는 것이었다. 1859년 합중국의 일원으로 가입한 후에도 자유주를 택할 것인지 노예주를 택할 것인지 찬반 논란은 끊이지 않았다. 오리건주의 헌법에 오리건주는 '백인'만을 위한 주라고 명시되어 있었기 때문이었다. 그러나 남북전쟁 당시 오리건주는 북부(미국 연방)에 합류하여 전쟁에 참전한다.

오리건주의 최대 도시 포틀랜드는 미국에서도 가장 진보적 성향

미국을 만든 50개 주 이야기

이 강한 도시로 꼽힌다. 도시 전체의 인구 중 80%가 백인이고 흑인은 5%밖에 안 되지만, 포틀랜드는 '흑인의 목숨은 소중하다'라고 외치는 인종차별 반대 시위의 본산이 됐다. 하지만 앞서 이야기한 것처럼 포틀랜드는 백인 우월주의의 중심이기도 하다. 극좌와 극우가 양립하는 도시인 것이다.

오리건주는 북쪽의 워싱턴주와 경쟁 관계에 있다. 오리건주가 소비세가 없다고 자랑하면, 워싱턴주는 소득세가 없다고 받아치며 서로 자신들의 주가 더 살기 좋다고 우기는 것이다. 심지어 워싱턴주는 최고봉인 레이니어산(4,392미터)이 오리건의 후드산(3,429미터)보다 높다고 자랑하기까지 한다. 하지만 일반 시민들이 이 경쟁심을 잘 이용하면 최고의 선택을 할 수 있다. 오리건주에서 쇼핑을 하고 워싱턴주에서 일을 하면 이상적이지 않을까?

텍사스,
하나의 별

State of
Texas

별명 하나의 별 주Lone Star State

최대 도시 휴스턴Houston

인구수 약 2,900만 명(2019년 기준)

한반도 대비 면적 3.05

미연방 가입 1845년 12월 29일(28번째)

미국의 최대 도시하면 어디가 떠오르는가? 1위는 뉴욕, 2위는 로스
앤젤레스, 3위는 시카고다. 그런데 그 다음부터는 잘 알려져 있지 않
다. 샌프란시스코, 보스턴 혹은 애틀랜타일까? 놀랍게도 텍사스주
의 휴스턴이 4위다. 인구수를 기준으로 본 미국의 10대 도시에는 텍
사스주의 도시가 세 군데나 순위를 차지하고 있다. 휴스턴(4위, 인구
230만 명), 샌안토니오(7위, 150만 명), 댈러스(9위, 134만 명)가 그 예다.
흔히 텍사스주 하면 석유와 황량한 대지를 떠올리지만, 텍사스주는
단일 국가로 가정할 경우 GDP가 세계 10위에 해당할 만큼 경제적

으로 중요한 역할을 한다. 면적도 독일, 잉글랜드, 스코틀랜드, 아일랜드, 북아일랜드, 네덜란드를 합친 것보다 크다. 한반도와 비교하면 3배가 넘는 면적에, 인구는 3천만 명에 가깝다. 일일 산유량은 세계 7위다. 캘리포니아 다음으로 막강한 규모의 경제를 자랑하는 곳이라 할 수 있다.

하나의 별, 텍사스주

텍사스주의 별명은 '하나의 별Lone Star'이다. 론스타라는 이름이 우리에게 낯익은 것은 IMF 외환 위기에서 국내 은행을 인수한 뒤에 거액의 이익을 챙기고 떠난 사모 펀드의 이름이기 때문이다. 사람들은 '먹튀'의 귀재인 이 회사를 '대출의 별Loan Star'로 착각하기도 했다. 하지만 이 사모 펀드의 본사가 텍사스주의 댈러스에 있고, 텍사스주의 별명이 론스타(하나의 별)인 것을 알면 헷갈리지 않을 것이다.

　텍사스주의 깃발에도 '하나의 별'이 들어가 있다. 1821년 텍사스는 멕시코에 속해 있었다. 멕시코 정부는 미국인들의 텍사스 이주를 장려했다. 그 결과 '텍사스 개척의 아버지' 오스틴의 주도 아래 300여 가구의 미국인들이 텍사스로 이주한다. 그 후 미국 이주자들의 수는 멕시코 사람들의 수보다 빠르게 증가했다. 굴러온

텍사스주의 깃발.

돌이 박힌 돌을 빼는 형국이 된 것이다. 설상가상으로 오스틴은 멕시코 정부에게 텍사스의 독립을 요구했다. 멕시코 정부가 오스틴의 주장을 들어줄 리는 만무했다. 그러자 미국 이민자들은 1836년에 텍사스 공화국을 선언해버렸다. 멕시코 정부와 텍사스 공화국은 수차례의 전쟁을 벌였고, 마침내 1845년에 텍사스는 완전한 독립을 쟁취한다. 미합중국에 가입하는 순서만 남은 텍사스의 합병을 미국 상원은 승인하지 않았다. 만약 텍사스를 미합중국의 일원으로 받아줄 경우, 텍사스의 본래 주인이었던 멕시코와 분쟁이 생길 것을 우려했기 때문이다. 그러자 텍사스 주민들은 텍사스가 미합중국의 일원이 될 수 있기를 바라며 주의 깃발에 큰 별을 하나 그려 넣었다.

여섯 개 깃발의 역사

'텍사스'는 이 지방의 원주민인 카도족의 말로 '친구'를 의미하는 '타이샤'를 스페인어로 옮긴 것이다. 미국은 자신들을 불러준 '친구의 땅' 텍사스를 멕시코와의 전쟁으로 합병했다. 그리고 주의 공식 모토를 '우정'으로 정했다. 친구의 땅을 빼앗았지만 친구와의 우정을 지키고 싶다는 의미를 내비치다니 아이러니하다. 텍사스를 두고 미국, 스페인, 프랑스가 서로 영유권을 차지하려고 다투었지만, 최후의 승자는 미국이 되었고 텍사스는 미합중국에 엄청난 부를 가져다줬다.

미국에서 텍사스만큼 파란만장한 역사의 터널을 지난 곳은 또 없

을 것이다. 오죽하면 "여섯 개의 깃발이 텍사스에Six Flags over Texas"라
는 말이 생겼을까? 텍사스주의 역사는 바로 여섯 개 깃발의 역사라
고 할 수 있다.

1. 스페인 시대(1520-1684년)

스페인 탐험가들은 1500년대 초반부터 텍사스를 탐험하기 시작했다.
자메이카의 스페인 총독이 플로리다부터 멕시코 해안까지 알론소 알
베레즈 데 피네다에게 탐험을 의뢰했다.

2. 프랑스 시대(1685-1689년)

프랑스의 텍사스 탐험은 17세기 말에 시작됐다. 루이지애나를 영유한
프랑스는 서남쪽의 텍사스에 관심을 가졌고, 미시시피강 어귀에 식민
지를 개척하려고 시도했다. 그러나 지도의 오류 때문에 프랑스 탐험
대는 서쪽으로 640킬로미터 떨어진 텍사스에 도착하게 된다. 프랑스
탐험대는 리오그란데와 동부 텍사스를 탐험하고 짧은 기간 동안 텍사
스를 영유했다.

3. 스페인 시대(1690-1821년)

프랑스 식민지 시대가 불과 4년 만에 끝나자, 이번에는 다시 스페인
이 텍사스를 지배한다. 1821년 멕시코가 독립할 때까지 텍사스는 뉴

필리핀이라고 불렸다.

4. 멕시코 시대(1821-1836년)

1821년 멕시코가 스페인으로부터 독립하고 텍사스를 영유한다. 텍사스 공화국이 성립할 때까지 멕시코가 텍사스를 지배했다.

5. 텍사스 공화국 시대(1836-1845년)

텍사스 혁명의 결과로 들어선 공화국이다. 멕시코의 한 주였던 텍사스는 1835년 혁명을 일으키고 멕시코 정부군과 전쟁에 돌입한다. 결국 텍사스는 독립을 쟁취하고 공화국을 선포한다.

6. 미합중국 가입(1845-1860년)

텍사스 공화국은 1845년 미합중국의 28번째 주로 가입한다. 하지만 남북전쟁으로 텍사스는 합중국을 탈퇴하고 남부연합에 들어간다.

7. 남부연합 시대(1861-1865년)

남북전쟁 기간 중에 텍사스주는 남부연합에 합류하여 군대를 파견하고 전쟁 물자를 보급했다. 남북전쟁 때 사용된 텍사스주의 공식 깃발에는 별이 1개가 아닌 여러 개다. 텍사스가 남부연합의 일원임을 보여준다.

미국을 만든 50개 주 이야기

텍사스 독립 영웅들의 이름이 남아 있는 곳

텍사스주는 인구와 면적, 경제력 면에서 캘리포니아 다음으로 부강한 주다. 카우보이와 외진 시골만 있는 이미지로 잘못 알려지기도 했지만, 사실 미국에서 가장 많은 인구가 유입되는 주 중의 하나다.

텍사스주의 최대 도시 휴스턴은 뉴욕과 로스앤젤레스, 시카고 다음으로 큰 도시다. 휴스턴은 텍사스 개척의 영웅 샘 휴스턴의 이름을 딴 지명이다. 샘 휴스턴은 텍사스 공화국 시절에 대통령을 지낸 인물로, 1836년 텍사스 독립전쟁에서 멕시코의 산타 안나 장군을 생포하여 텍사스의 독립을 받아냈다.

텍사스 독립의 아버지로는 스티븐 오스틴도 빼놓을 수 없다. 오스틴은 미주리에서 300가구를 이끌고 텍사스에 정착한 텍사스 개척의 아버지다. 그의 이름은 텍사스에서 네 번째로 큰 도시 오스틴시에 남아 있다.

공화당의 아성이 되다

텍사스주는 1976년 민주당의 지미 카터 대통령의 당선 이후 한 번도 민주당 후보가 승리한 적이 없을 만큼 공화당의 아성이었다. 캘리포니아주가 민주당의 아성이라면, 텍사스주는 공화당의 심장이다. 그런 주에서 예상치 못한 사건이 일어났다. 1984년 그레고시 존슨이라는 시민이 텍사스주 댈러스에서 열린 공화당 전당대회를 반대하며

"미국에 침을 뱉는다"라고 구호를 외치면서 성조기에 불을 붙였다. 미국의 제국주의적 외교정책을 반대한다는 표시였다. 텍사스주 경찰은 그를 체포하여 기소했고, 주 법원은 유죄를 선고했다. 하지만 5년 뒤에 연방 법원은 5대 4로 무죄를 선고했다.

유죄로 인정한 대법관들은 "미국 국민이 성조기에 대해 느끼는 깊은 경외와 존경심은 국가가 의도적으로 심어준 것이 아니라, 200년의 역사가 만든 것"이라며 성조기 소각은 미국의 역사와 정신을 훼손한 것이라고 말했다. 반면 무죄를 주장한 대법관은 "어떤 사상이 불쾌하거나 무례하다는 이유로 국가가 그런 사상의 표현을 금지할 수 없다는 것이 수정헌법 제 1조의 기본 정신"이라며 "성조기 모독 행위를 처벌하는 것은 그 소중한 성조기가 상징하는 자유를 침해하는 것이다"라고 논쟁의 마침표를 찍었다.

유타,
모르몬교의 성지

**State of
Utah**

별명	올린 머리 주Beehive State
최대 도시	솔트레이크시티Salt Lake City
인구수	약 320.6만 명(2019년 기준)
한반도 대비 면적	0.996
미연방 가입	1896년 1월 4일(45번째)

유타주는 콜로라도주의 서쪽, 애리조나주의 북쪽에 위치한 주로, 면적이 한반도와 거의 같다. 유타Utah라는 말은 유트Ute 인디언들의 말로 '산에 사는 사람'이라는 뜻이다. 주의 이름처럼 유타주의 평균 해발은 1,860미터에 이른다. 유타주는 길이가 120킬로미터나 되는 거대한 소금 호수 '그레이트솔트호'로 유명한 곳이기도 하다. 이 호수는 미국 전체 지도에서도 보일 정도로 크다.

유타주가 다른 주에 비해서 특히 유명한 것은 이 주를 건설한 사람들이 조금 특별한 사람들이기 때문일 것이다. 유타주는 모르몬교

유타주의 그레이트솔트호.

라는 기독교 종파를 믿는 사람들이 건설한 주다. 하지만 모르몬교를 기독교 종파라고 부르기에는 문제가 있다. 모르몬교는 가톨릭이나 개신교에서 파생된 종파가 아니라 독자적으로 만들어진 종파이기 때문이다.

모르몬교의 성지가 되다

모르몬교를 창시한 사람은 뉴욕 출신의 조셉 스미스다. 그는 자신이 모로니 천사의 계시를 받아《몰몬경》을 번역했다고 말하며 모르몬교를 만들었다. 스미스는 일부다처제를 주장했는데, 이를 반대하는 사람들로부터 공격을 받아 피해다니다가 일리노이에 정착해서 2만 명

미국을 만든 50개 주 이야기

의 신자를 거느린다. 이에 고무된 스미스는 1844년에는 미국 대통령에 출마하겠다는 꿈까지 키운다. 미국 정부는 그를 반란 혐의로 체포했고, 그를 혐오하던 사람들이 감옥에 있는 스미스를 암살하고 만다. 이후 브리검 영이라는 새로운 지도자가 신도들을 지금의 유타주로 이끌고 왔다.

모르몬교 교도들은 일부다처제를 고수하는 집단이다. 이런 전통은 18세기 초 모르몬교가 세상에 알려질 무렵부터 계속됐다. 하지만 연방 정부는 모르몬교의 일부다처제를 헌법에 위배된다며 금지했다. 아직도 신문 기사에는 일부다처제를 인정해달라는 헌법 소원을 하는 신자들이 있지만 인용된 경우는 없다. 그럼에도 많은 모르몬교 교도들은 지금도 일부다처제를 유지하고 있다. 몇 년 전만 해도 유타주 주민 10명 중 7~8명은 모르몬교 교도라는 말이 있었지만, 지금은 외지인들도 많이 유입되어 그 비율이 떨어졌다.

개척 초기에 유타주에 정착한 모르몬교 교도들은 원주민 인디언들과 원만하게 지냈다. 그러나 자신들의 땅을 백인들에게 빼앗긴 것에 분노한 인디언들과 백인들의 충돌은 심화되어 전쟁으로 번졌다. 1865년 팀파노고스족의 추장 안톤가가 이끄는 인디언 군대는 백인들과 치열한 전투를 벌였다. 특이한 점은 백인들도 연방군과 모르몬교 교도들로 양분되어 있었다는 것이다. 사실상 이 전쟁은 삼자 전쟁이었다. 유트족, 나바호족 그리고 아파치족으로 구성된 인디언 연합군은 이 전쟁으로 자신들의 영토를 잃어버렸고, 모르몬교 교도들도 세력 확산에 적지 않은 타격을 받았다. 인디언들은 유타주에서 입지가 불안정해진 것은 물론 서부에서도 더 이상 갈 곳이 없어졌다. 아메리카 인디언들은 이렇게 자신들의 고향에서 서서히 사라져갔다.

워싱턴,
88개의 워싱턴

State of Washington

별명 상록수의 주 Evergreen State

최대 도시 시애틀 Seattle

인구수 약 761.5만 명(2019년 기준)

한반도 대비 면적 0.81

미연방 가입 1889년 11월 11일(42번째)

미국의 수도에는 건국의 아버지 조지 워싱턴의 이름이 남아 있다. 그런데 워싱턴이라는 이름은 수도 외에도 무려 미국의 88개 지역에서 사용되고 있다. 미국에서 가장 많이 쓰이는 지명이라 할 수 있다. 이번에는 그중에서 워싱턴주를 살펴보자. 워싱턴주는 미국 서부의 가장 북쪽에 위치하고 있다. 주의 별명은 '상록수의 주'로, 미국에서 유일하게 울창한 온대 우림을 볼 수 있는 지방이다. 워싱턴주에서는 오전에 온대 우림을 탐방하고, 점심에는 화산 지형을 구경한 다음, 저녁에는 사막에서 하루를 보낼 수 있다.

조지 워싱턴의 이름을 딴 워싱턴주

미국의 국부 조지 워싱턴은 버지니아주에서 태어났다. 그의 증조부 존 워싱턴은 1657년 버지니아주로 이주한 영국인이었다. 워싱턴은 토지를 측량하는 기사로 청년 시절을 보냈다. 훗날 이 경험은 식민지 지형을 파악하는 데 큰 도움이 되었고, 독립군 총사령관으로 군대를 지휘할 때도 매우 유용했다. 워싱턴의 군 경력은 1753년 버지니아 민병대에서 시작되었고, 이후 워싱턴은 영국군의 일원으로 프렌치-인디언전쟁에 참전했다. 1759년 버지니아 최고의 갑부이자 미망인인 마사와 결혼한 워싱턴은 이 결혼으로 수천 명의 노예와 넓은 토지를 소유한 부호가 됐다.

워싱턴은 독립전쟁 중에 식민지군 총사령관에 취임해 독립전쟁을 승리로 이끈다. 엄청난 공적을 세웠지만 워싱턴은 전쟁이 끝나자 미련 없이 고향인 버지니아로 돌아간다. 마치 로마 공화정의 혼란을 수습하고 낙향한 킨키나투스가 떠오른다. 그러나 워싱턴은 1789년 미국 역사상 유일하게 만장일치로 대통령에 선출됐다. 당시에는 대통령에 선출된 워싱턴뿐만 아니라 대부분의 미국인들도 대통령에 대한 개념이 없었다. 워싱턴 자신도 대통령을 선출된 국왕 정도로 생각했던 것 같다. 실제로 워싱턴은 유럽의 군주들처럼 자신을 말할 때 3인칭 대명사를 사용했다고 한다. 하지만 워싱턴은 물러날 때를 아는 정치인이었다. 종신 대통령으로 있어 달라는 사람들의 간청을 물리치고 두 번의 임기를 마친 후 고향인 버지니아로 돌아갔다.

자연을 어떻게 팔 수 있는가

워싱턴주에서 가장 큰 도시는 시애틀이다. 이 지명은 위대한 인디언 추장인 시애틀의 이름에서 나왔다. 미국 정부가 인디언의 땅을 사겠다고 제안하자, 시애틀 추장은 이러한 내용으로 답한다. 당시 기록된 연설문은 지금도 많은 이들에게 감동을 주고 있다.

워싱턴의 대추장(당시 미국 대통령)이 우리 땅을 사고 싶다는 메시지를 보냈습니다. 하지만 어떻게 하늘과 땅을 사고팔 수 있나요? 우리가 이해할 수 없는 생각입니다. 공기의 신선함이나 물의 광채가 우리 것이 아닌데 어떻게 팔 수 있나요?

이 땅의 모든 것은 우리들에게 신성한 것입니다. 반짝이는 솔잎, 모래사장, 어두운 숲의 안개, 목초지, 윙윙거리는 벌레. 모두가 우리의 기억과 경험 속에서 신성한 것입니다. (중략)

우리는 대지가 우리의 어머니라고 알고 있습니다. 대지가 우리에게 속한

시애틀 추장의 사진.

워싱턴주의 최대 도시 시애틀의 스카이라인. 원주민들이 쫓겨난 이곳은 굴지의 기업들이 탄생한 대도시가 됐다.

것이 아니라, 우리가 대지에 속한 존재라는 것을 알고 있습니다. 우리의 신은 당신의 신입니다. 대지는 그에게 소중하며, 대지를 훼손하는 것은 그를 경멸하는 것입니다.

우리가 이 땅을 사랑하는 것은 막 태어난 아기가 어머니의 심장박동을 사랑하는 것과 같습니다. 만일 우리가 이 땅을 팔면, 우리가 사랑했듯이 당신들도 이 땅을 사랑해주십시오. 우리가 이 땅의 일부인 것처럼 당신들도 그렇습니다. 대지는 우리에게 소중합니다. 백인이든 인디언이든 따로 생각할 수는 없습니다. 결국 우리는 모두 한 형제입니다.[25]

이 내용을 보면 인디언들이 자연을 어떻게 생각했는지를 알 수 있다. 아메리카 인디언들에게 땅을 소유한다는 개념이 없었다. 그래서 백인들이 자기 땅에 들어와 어디에서든지 농사를 짓는 것에 크게 신경을 쓰지 않았다. 인디언들은 백인들과 함께 살 수 있다고 생각했다. 하지만 백인들의 생각은 달랐다. 그들은 울타리를 쳐서 자기 땅에 인디언들이 들어오지 못하게 막았다. 원주민들이 쫓겨난 이 땅이 지금은 마이크로소프트, 보잉 항공사, 아마존, 스타벅스 같은 기업들이 탄생한 대도시가 됐다.

와이오밍,
대평원의 주

State of Wyoming

별명 평등의 주 Equality State

최대 도시 샤이엔 Cheyenne

인구수 약 57.88만 명(2019년 기준)

한반도 대비 면적 1.1

미연방 가입 1890년 7월 10일(44번째)

미국 50개 주의 모양을 보면 중동부의 주들은 강이나 산맥 같은 지형으로 주의 경계가 자연스럽게 확정되었지만, 서부는 경계가 직선으로 된 주들이 많다. 콜로라도주와 이번에 소개하는 와이오밍주가 완벽한 직사각형의 모양이다. 그만큼 이곳에는 사람이 살지 않는 산악 지대와 드넓은 초원 지대가 많다는 말이다. 와이오밍이란 말은 알곤킨족의 언어로 '대초원의 땅'을 의미한다. 주도이자 와이오밍 최대 도시 샤이엔Cheyenne도 이 지방의 원주민 샤이엔족의 이름에서 나왔다. 와이오밍주는 면적이 한반도보다 크지만 인구는 58만 명 정도밖에 안 된다. 와이오밍주는 미국 전체에서 가장 인구가 적은 주다.

버펄로 학살=인디언 학살?

와이오밍주는 로키산맥과 중부의 대평원이 만나는 곳이라 풍광이 수려하다. 이곳을 처음 찾은 사람들은 프랑스의 모피상들이었을 것으로 추정된다. 주의 깃발에도 아메리카 들소 버펄로가 그려져 있다. 19세기 초반만 해도 북미 대륙에는 6천만 마리의 버펄로가 살고 있었다. 인디언들은 버펄로의 고기를 먹고 가죽으로는 옷을 만들며 살았다. 인디언들에게 버펄로는 토템의 상징이었기 때문에, 필요한 만큼의 버펄로만 사냥했다. 그러나 서부를 개척하면서 백인들은 버펄로를 학살하기 시작했다. 철도를 놓는 데 버펄로가 방해된다는 것이 이유였다. 하지만 진짜 이유는 인디언들의 의식주를 제공하는 버펄로를 없애버려서 그들의 토지를 차지하려는 것이었다. 1889년 버펄

유네스코 세계유산에 등재된 옐로스톤 국립공원. 버펄로가 풀을 뜯고 있다.

"버펄로 1마리를 잡으면 인디언 10명이 죽는다"라는 말이 있었을 만큼 백인들은 버펄로를 무참히 학살했다.

로는 6천만 마리에서 1천 마리로 급감하였고, 지금은 보호 정책이 생겨 3만 마리가 중부의 평원에서 살고 있다. 실제로 버펄로 사냥꾼들의 캐치프레이즈는 "버펄로 1마리를 죽이면 인디언 10명이 죽는다"였다. 당시 장군이었던 셔먼과 서부군 사령관 필립 세리든은 "선량한 인디언은 오로지 죽은 인디언뿐"이라는 공동 발표문을 내기도 했다. 미국 개척사에서 백인들이 인디언들을 어떻게 생각했는지 잘 알 수 있는 대목이다.

버펄로를 학살하자 덩달아 영웅도 탄생했다. 윌리엄 프레더릭 코디는 버펄로 사냥의 귀재라고 해서 '버펄로 빌'로 불렸다. 그는 8개월 동안 무려 4,280마리의 버펄로를 사냥했다. 당시에 버펄로 빌은 인디언을 학살하는 것보다 버펄로를 학살하는 것이 훨씬 더 쉽고 효과적

미국을 만든 50개 주 이야기

이라는 것을 잘 알고 있었다. 미국 정부의 인디언 말살 정책을 지나치게 실천한 인물이었다.

최초로 여성 참정권을 인정하다

와이오밍주의 별명은 '평등의 주'다. 미국이 자유를 기치로 내세워 영국으로부터 독립을 쟁취했지만, 여기에서 말하는 자유에는 제한이 있었다. 여성은 제외된 것이다. 하지만 1869년에 와이오밍주는 미국에서 최초로 여성의 참정권을 인정한다. 1870년 노예에게 참정권을 인정한 연방 정부는 1920년에야 수정 헌법을 통해서 여성의 참정권을 인정했으니, 와이오밍주의 여성 참정권 인정이 얼마나 획기적인 사건이었는지 짐작할 수 있다. 참고로 스위스 같은 선진국도 1971년이 되어서야 여성 투표권을 인정했다. 와이오밍주는 여성 참정권을 최초로 인정한 주답게 1924년에 미국 역사상 최초로 여성 주지사를 배출하기도 했다.

캘리포니아, 골드러시의 주

State of California

별명 황금의 주 Golden State

최대 도시 로스앤젤레스 Los Angeles

인구수 약 3,951만 명(2019년 기준)

한반도 대비 면적 1.92

미연방 가입 1850년 9월 9일(31번째)

만약 미국이 중부의 프랑스령 루이지애나를 얻지 못했다면 미국의 역사는 어떻게 됐을까? 우리는 미국이 프랑스로부터 루이지애나를 헐값에 사들였다는 사실을 알고 있다. 루이지애나의 매입은 단지 미국이 영토를 2배로 확장했다는 사실보다는 대서양에서 태평양으로 이어주는 대제국의 초석을 마련했다는 데에 의의가 있다. 게다가 서부는 이제 막 독립한 멕시코의 땅이었기 때문에 미국이 태평양으로 진출하는 데 큰 걸림돌이 없어진 것이나 마찬가지였다.

미국을 만든 50개 주 이야기

황금의 섬, 칼라피아

캘리포니아는 원래 뉴스페인이라고 불렸던 지역이다. 캘리포니아는 스페인의 한 소설에 등장하는 섬의 이름이다. 16세기 스페인의 소설가 가르시 로드리게즈 데 몬탈보의 작품《에스플란디안의 모험》에는 가공의 섬 '칼라피아'가 나온다. 칼라피아 왕비가 통치하던 이 섬은 금과 진주가 많고 검은 피부의 미인들이 살고 있는 곳이었다. 소설의 내용대로 된 것일까? 실제로 1848년 캘리포니아에서 황금이 발견되었고, 엄청나게 많은 사람들이 황금을 찾아 서부로 달려갔다.

사실 북미 대륙에서 황금이 발견된 것은 1820년경이다. 금이 발견되자 미국 정부는 '인디언 이주법'을 만들어 인디언들을 강제로 이주시켰다. 마치 황금이 잉카 제국을 멸망하게 만든 것처럼 북미 대륙에서도 정복의 역사는 반복되고 있었다. 만약 잉카 제국의 아타우알파 황제가 스페인의 정복자 프란시스코 피사로에게 엄청난 황금을 주지 않았다면 역사는 어떻게 흘러갔을까?

미국의 인디언들도 황금의 발견과 함께 쇠락의 길로 접어들었다. 1853년 캘리포니아로 향하는 골드러시에 동참한 사람들은 무려 25만 명이었다. 당시 신문에는 "35일만 가면 황금의 땅에 도착합니다!"라는 광고가 실리기도 했다. 동부에 사는 사람들을 유혹할 만한 말이었다. 1849년부터 1853년까지 금 채굴은 전성기를 맞이했다. 그러나 채굴량이 많아질수록 골드러시도 종말에 가까워졌다. 1849년

캘리포니아 골드러시 당시 신문 광고.
"35일만 가면 황금의 땅에 도착합니다!"
라는 문구가 적혀 있다.

은 골드러시가 시작된 신호탄의 해로 기록되었고, 이후 '포티나이너스Forty-niners'라는 말은 골드러시에 몰려든 사람들을 가리키는 말이 됐다. 지금도 이 말은 '일확천금을 노리는 사람들'이라는 뜻으로 사전에 등재되어 있다.

미국은 골드러시로 1849년부터 1860년 사이에 어마어마한 양의 금을 채굴했다. 이는 150년 동안 전 세계에서 채굴한 금보다 더 많은 양이었다. 엄청난 금의 생산은 하늘이 미국에 내려준 천재일우의 기회였고, 미국은 유럽의 열강들에 가졌던 열등감을 떨쳐버릴 수 있었다. 캘리포니아에서 나온 금 덕분에 미국은 30년간의 디플레이션을 완전히 극복했고, 경제가 급격히 성장했다. 역사상 미국처럼 적절한 시기에 필요한 천연자원과 영토를 선물 받은 나라는 없었다. 당시 미국은 금본위제도를 근간으로 달러를 발행했지만, 실제로 그 근간을 이루는 금이 부족한 상황이었다. 하지만 캘리포니아의 금광이 이 문제를 한번에 해결해줬다.

캘리포니아주는 광활한 영토 이외에 경제 면에서도 가히 세계 정상급이다. 미연방에서 독립해 G10에 들어갈 경우 캘리포니아주의 경제 규모는 세계 5위를 차지할 만큼 크다. 캘리포니아주의 실리콘밸리에는 전 세계의 IT 산업을 선도하는 기업들이 다 모여 있다. 칼라피아 여왕의 땅에 황금이 넘쳐났다는 이야기가 현실이 된 것이다.

로스앤젤레스, 개척 정신을 엿보다

미국에서 두 번째로 큰 도시 로스앤젤레스는 '천사들의 땅'이라고 불린다. 이 이름은 1781년 스페인계 주민들이 성모마리아를 뜻하는 '천사의 여왕la Reina de los Ángeles'이라는 마을을 세운 데에서 유래한다. 이 지방이 가톨릭의 나라인 스페인이 지배했던 곳이기 때문이다.

캘리포니아주의 주기를 보면 흥미로운 점을 발견할 수 있다. 캘리포니아는 분명히 미국의 주인데 주기에는 '캘리포니아 공화국California Republic'이라고 적혀 있다. 본래 캘리포니아는 멕시코의 영토였으나, 이곳에 살던 백인들이 1846년 6월 14일 멕시코로부터 독립하여 '캘리포니아 공화국'을 선포한다. 이후 캘리포니아는 같은 해 7월 9일에 미국에 합병된다. 공화국은 불과 29일 동안 지속되었을 뿐이다. 멕시코와 미국은 캘리포니아의 지배권을 두고 전쟁을 벌였고, 1848년 미국이 승리하면서 완전히 미국의 일부가 됐다.

캘리포니아주의 주기.

시에라네바다 계곡 물이 수도 시설을 통해 로스앤젤레스까지 온다. 로마 시대의 수도교와 원리는 같으나 그 규모가 비교할 수 없이 크다.

멕시코가 스페인으로부터 독립할 당시인 1820년경 로스앤젤레스는 약 650명의 인구를 가진 작은 마을이었다. 이 도시가 오늘처럼 비약적인 발전을 한 배경에는 금광(1849년)과 유전(1892년)의 발견이 있었다. 로스앤젤레스의 인구는 1880년 1만 명에서 1932년까지 120만 명으로 증가했다. 그런데 로스앤젤레스 근방의 수원水源으로는 늘어난 인구를 감당할 수 없었다. 시 당국은 544킬로미터의 수로를 건설해 물 문제를 해결했다. 1905년에서 1913년까지 지어진 이 수로는 544킬로미터 떨어진 시에라네바다산맥 기슭의 오언스강 계곡에서 물을 끌어온다. 미국의 역사가 '개척의 역사'라고 하듯이, 자연의 한계에 도전해 새로운 세계를 만들어낸 개척 정신이 돋보인다.

미국을 만든 50개 주 이야기

세쿼이아와 데스밸리

캘리포니아는 광활한 영토와 유려한 자연환경으로도 잘 알려져 있다. 그중에서 시에라네바다산맥 가운데 위치한 세쿼이아 국립공원은 수십 미터의 세쿼이아가 원시림을 이루고 있는 것으로 유명하다. 캘리포니아의 공식 나무인 레드우드Redwood는 세쿼이아 중에서 가장 크게 자라는 나무로, 2,000년 동안이나 자랄 수 있다고 알려져 있다. 또 다른 유명한 장소는 동부 캘리포니아에 위치한 데스밸리Death Valley다. 데스밸리는 캘리포니아주와 네바다주 경계에 있는 분지로, 대부분이 사막 지형이며 높은 산지에 둘러싸여 있다. 개척기에 여행

데스밸리는 미 본토에서 가장 낮은 지형(지하 88미터)이 있는 곳이다.

자들이 이곳을 '죽음의 계곡'이라 부르며 무서워했을 만큼 가혹하고
살벌한 환경의 지형이다.

콜로라도,
100주년 주

State of Colorado

별명 100주년 주 Centennial State

최대 도시 덴버 Denver

인구수 약 575.9만 명(2019년 기준)

한반도 대비 면적 1.22

미연방 가입 1876년 8월 1일(38번째)

70년대 미국의 팝송 가수 존 덴버는 콜로라도주의 주도이자 최대 도시인 덴버시를 너무나 사랑한 나머지 자신의 이름을 덴버로 바꿨다. 존 덴버가 로키산맥을 배경으로 만든 노래 'Rocky Mountain High'는 콜로라도주의 공식 노래로 선정되기도 했다. 이번에 살펴볼 콜로라도주는 아름다운 로키산맥을 빼놓고는 얘기할 수 없는 곳이다. 콜로라도주의 동부는 대평원이며 중부에는 로키산맥이 남북으로 뻗어 있다. 로키산맥 기슭의 덴버는 평균 고도가 1,600미터로, 미국에서 가장 높은 곳에 위치한 도시 중 하나다.

콜로라도주의 문장.

콜로라도는 스페인어로 '붉은 빛을 띠다'라는 뜻을 갖고 있다. 이름만 봐도 이 지방을 처음으로 탐험한 사람들이 스페인인이라는 것을 추측할 수 있다. 이 지방을 탐험하던 스페인 사람들은 금을 찾는 데 실패하자 이곳을 미련없이 떠났다. 그다음 들어온 프랑스인들이 이 지방을 루이지애나의 서쪽 끝에 편입시켜 자신들의 땅이라고 주장한다. 이후 미국령이 된 콜로라도주는 미국 독립 100주년인 1876년에 미합중국에 가입하면서 '100주년 주'라는 별명을 얻었다. 콜로라도주의 문장에는 라틴어로 "신의 섭리가 아닌 것이 없네Nil sine numine"라는 모토가 적혀 있다. 스페인과 프랑스, 미국까지 여러 열강들의 손을 거쳐온 콜로라도주의 모토가 의미심장하게 들린다.

제2의 골드러시로 만들어진 도시, 덴버

콜로라도주는 골드러시와 관련이 있는 곳이다. 캘리포니아에서 골드러시의 붐이 식어갈 무렵인 1858년에 콜로라도의 파이크스 피크에서 금광이 발견됐다. 사람들은 "파이크스 피크에서 금광을 못 찾으면 파산이다Pikes Peak or Bust!"라는 구호를 외치며 콜로라도에 몰려들었다. 당시 유행하던 이 말은 캘리포니아 골드러시 때 금을 찾아 떠났

콜로라도주의 최대 도시 덴버. 골드러시 때의 천막촌이 대도시로 발전했다. 로키산맥이 병풍처럼 서 있다.

던 사람들이 "California or Bust!"라고 외쳤던 것을 패러디한 구호다. 우리말로 옮겨보면 "이판사판!" 정도가 될 것이다. 파이크스 피크에서 금광이 발견되자 1년 만에 10만 명이 몰려들어 텐트촌이 형성됐다. 이 때 만들어진 텐트촌이 지금의 덴버시다.

존 덴버가 이름을 바꾼 이유

앞에서 가수 존 덴버가 덴버시를 사랑해서 이름을 바꿨다고 했다. 하지만 여기서는 조금 다른 가능성을 이야기해보고자 한다. 존 덴버의 본명은 헨리 존 도이첸도르프 주니어로, 한눈에 독일 이름임을 알 수 있다. 존 덴버의 아버지는 공군 비행기 조정 교관이었다. 존 덴버 부자가 살았던 시기는 두 번의 세계대전이 있었던 1920~1940년대였다. 미국에서 독일의 이미지는 적대국의 상징이 되었고, 독일 이민자들도 그런 오해를 받았을 것이다. 제2차 세계대전이 터지자 미국에 거주하던 일본계 미국인들이 수용소에서 격리되었던 것을 보면 당시의 분위기를 짐작해볼 수 있다. 존 덴버는 어릴 적부터 독일계 이민자라는 말이 부담스러웠을 것이다. 마치 에펠탑을 세운 구스타브 에펠의 선조들이 독일 이름인 보닉하우젠에서 프랑스 이름인 에펠로 이름을 바꾼 것과 비슷하다. 에펠이 살았던 시절 독일과 프랑스는 보불전쟁으로 견원지간이었기 때문이다. 이유가 무엇이든 존 덴버는 개명을 하고 당대 최고의 가수로 명성을 날렸다. 하지만 비행기 조정 교관인 아버지의 피를 받은 존 덴버는 비행기 조정에 흠뻑 빠져 결국 1997년 캘리포니아에서 비행기 사고로 유명을 달리한다.

알래스카,
베링해의 냉장고

**State of
Alaska**

별명 최후의 국경The Last Frontier,

　　　백야의 땅The Land of Midnight Sun

최대 도시 앵커리지Anchorage

인구수 약 73.15만 명(2019년 기준)

한반도 대비 면적 7.8

미연방 가입 1959년 1월 3일(49번째)

미국은 행운을 거머쥔 것도 부족하여 보너스까지 덤으로 받은 것처럼 보인다. 북미 대륙에서 이른바 '겨울 왕국'은 캐나다에게 양보하고, 엄청난 노른자위 땅을 다 차지한 미국의 운세는 여기에서 끝나지 않았다. 알래스카라는 호박이 넝쿨째 굴러온 것이다.

　본래 알래스카는 러시아의 영토였다. 1741년 러시아의 표트르 1세의 의뢰를 받은 덴마크의 탐험가 베링이 이 지방을 발견해 제정 러시아의 영토가 됐다. 흔히 제정 러시아가 1856년 크림전쟁으로 재정이 어려워져서 알래스카를 미국에 헐값으로 팔았다고 알고 있지만, 그 전후 사정은 잘 알려져 있지 않다. 러시아가 알래스카를 매각할 당시 알래스카는 정말로 쓸모없는 동토의 땅이었을까?

러시아가 개발한 금싸라기 땅, 알래스카

19세기의 알래스카는 북극해 근방의 국제 무역 중심지였다. 제정 러시아령 알래스카의 수도는 남쪽의 노보아르한겔스크(현재의 싯카섬)였는데, 이 섬과 미국의 시애틀과의 거리는 1,000킬로미터도 채 되지 않는다. 다시 말해 제정 러시아의 알래스카 영토가 미국의 턱밑까지 내려왔던 것이다. 당시 수도였던 싯카섬(배러노프섬)에는 원주민인 틴글릿족이 살고 있었는데, 러시아군에게 끝까지 저항하다가 요새를 함락당하고 만다. 동족인 알류트족이 러시아의 편을 들었기 때문이다.

알래스카가 러시아의 수중에 들어가자, 러시아 상인들이 값비싼 바다코끼리의 상아와 해달 모피를 사러 몰려들었다. 제정 러시아는 알래스카에 무역회사를 설립하고 모든 무역과 광산의 채굴권을 독점했다. 이때까지 러시아가 펼친 통상 정책은 성공적이었다. 게다가 러시아가 설립한 러시아-아메리카 회사RAC는 유능한 상인 알렉산드로 바라노프가 경영을 맡으면서 그 규모가 폭발적으로 증가했다. 바라노프는 알래스카에 학교와 공장을 세웠고, 알류트 족장의 딸을 아내로 맞이했다. 그러나 바라노프가 물러나자 경영권은 러시아 해군 대위에게 넘어갔고, 군 출신의 경영진은 바라노프가 1,000%의 이익까지 냈던 RAC를 파산으로 몰아넣었다. 경영진은 자신에게 엄청난 연봉을 주는 방식으로 회사 자금을 빼돌렸으며, 해달을 남획하여 모피 무역을 파산 지경에 이르게 했다. 설상가상으로 유럽에서 크림전쟁이 일어나 러시아는 유럽의 열강과 힘겨운 전쟁에 들어갔다.

우리는 제정 러시아가 쓸모없는 땅 알래스카를 미국에 팔았다고 알고 있지만, 당시 러시아 언론들은 "전신을 개통하고 금광도 개발 중인데 지금까지 들어간 비용을 생각하면 어떻게 이 땅을 팔 수 있단 말인가?"라고 비난했다. 미국에서도 일부 정치인들은 "매일 아침 대구 간유를 마시는 5만 명의 에스키모인들이 과연 미국에게 필요한가?"라며 알래스카 매입을 적극적으로 반대했다.

결국 러시아는 내부의 비난에도 불구하고 알래스카를 단돈 720만 달러에 넘겼다. 알래스카의 공식 이양식은 노보아르한겔스크에서 거행됐다. 이양식 때 러시아 국기를 하강하고 미국 국기를 게양하려 하는데, 두 국기가 엉켜 러시아 국기가 깃대에서 내려오지 않는 일이 벌어졌다. 그러자 수병이 올라가 국기를 아래로 던졌는데 공교롭게도 국기가 러시아 수병의 총검에 걸렸다. 이를 불길한 징조로 생각했던 많은 러시아인들은 미국 시민권을 거부하고 알래스카를 떠나 본국으로 돌아갔다.

수어드의 냉장고에서 기회의 땅이 되다

미국이 알래스카를 매입한 것은 천재일우의 기회였다. 알래스카에서 금, 철, 석탄 등 많은 지하자원이 발견되었으니 엄청난 땅을 헐값에 산 셈이었다. 1제곱킬로미터당 5달러, 즉 평으로 환산하면 1평당 50원 정도에 알래스카를 매입한 것이다. 하지만 이 매매 조약을 체결시킨 미국의 국무 장관 윌리엄 수어드는 맹비난을 받았다. 심지어 알래스카를 '수어드의 냉장고'라고 비아냥거리는 사람들도 있었다. 하지만 19세기 말에 금이 발견되면서 전세는 역전되었고, 오늘날 알래스카는 지하자원이 풍부한 땅일 뿐만 아니라 미국의 전략적인 방어

알래스카주의 데날리 국립공원. 북미에서 가장 높은 산으로 유명하며, 곰이나 순록 같은 야생 동물을 볼 수 있다.

미국을 만든 50개 주 이야기

▲ 알래스카의 주기.

◀ 알래스카의 원주민인 이누이트.

요충지로 부상했다. 알래스카에서는 매년 10월 18일 러시아에서 미합중국으로 주권이 넘어온 날을 기념하고 있다.

알래스카는 에스키모족인 알류트족의 언어로 '섬이 아닌 땅'이라는 뜻이다. 우리가 흔히 이 지방에 사는 사람들을 에스키모라 부르지만, 막상 그곳에 사는 원주민들은 자신들을 '인간'이라는 의미의 '이누이트'라고 부른다. 알래스카의 주기에는 북두칠성과 북극성이 그려져 있다. 알래스카주는 미국에서 유일하게 백야를 관측할 수 있는 곳이기도 하다.

하와이,
알로하 주

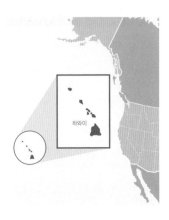

State of Hawaii

별명	알로하 주Aloha State
최대 도시	호놀룰루Honululu
인구수	약 141.6만 명(2019년 기준)
한반도 대비 면적	0.12
미연방 가입	1959년 8월 21일(50번째)

꿈과 낭만의 섬이자 태평양의 낙원을 연상시키는 하와이주가 미국의 50번째 주가 된 지는 불과 반세기밖에 지나지 않았다. 알로하의 섬, 그리고 정열적인 훌라 춤이 있는 이곳이 어떻게 미국의 주가 되었는지 역사의 수레를 타고 떠나보자.

하와이에 상륙한 첫 유럽인, 제임스 쿡

하와이Hawaii라는 이름은 이 지방의 원주민 언어로 '고향'을 뜻하는 '오화히Owhyhee'를 영어로 옮긴 말이다. 하와이섬에 처음으로 정착

미국을 만든 50개 주 이야기

한 폴리네시아인들은 왕국을 건설하고 평화롭게 살고 있었다. 적어도 유럽인들이 하와이섬에 나타나기 전까지는 그러했다. 18세기 후반(1778년 무렵) 영국인 제임스 쿡은 하와이에 상륙한 초기의 유럽인이었다. 그전에도 스페인과 네덜란드인들이 이곳을 탐험하고 돌아갔을 것으로 추정되지만, 많은 나라들에게 이 섬의 존재를 알린 것은 제임스 쿡이었다. 제임스 쿡은 오스트레일리아와 뉴질랜드를 항해하고, 해가 지지 않는 대영제국의 초석을 놓은 항해인이었다. 샌드위치를 고안해낸 것으로 유명한 영국의 샌드위치 백작이 이 항해를 지원했는데, 쿡은 그의 이름을 따 이 섬을 샌드위치 제도라고 불렀다.

초기에 쿡 일행은 원주민들과 비교적 원만한 관계를 유지하며 교역했다. 하지만 그의 부하들이 섬을 약탈하는 사건이 발생하고, 쿡은 이 사태를 말리려다가 그만 목숨을 잃고 만다. 하지만 이후에도 영국인들은 하와이 왕실에서 고문 역할을 하며 영향력을 유지했다. 그래서 하와이 주기에는 왼쪽 상단에 영국의 유니언잭이 있다. 나머지 깃발을 장식하는 8개의 줄무늬는 하와이 제도의 8개의 섬을 의미한다.

하와이 원주민들은 백인들을 자신들의 언어로 '하올레'라고 불렀다. 쿡 선장 일행이 하와이에 상륙한 사건은 결과적으로 하와이섬에 재앙을 가져왔다. 쿡 선장과 함

하와이의 주기.

께 온 백인들 때문에 섬에 전염병이 퍼지게 된 것이다. 스페인이 가져온 천연두로 마야 문명과 잉카 문명이 멸망한 것처럼, 100만 명이던 하와이의 인구는 4만 명으로 급감했다. 하와이 왕국의 운명이 풍전등화의 위기에 놓인 것이다.

미국의 50번째 주가 되다

19세기 말까지 하와이 왕국은 서구 문명을 받아들이면서 차근차근 왕국을 근대화시키고 있었다. 그런데 그때 많은 미국인들이 사탕수수 농장을 경영하기 위해 하와이로 들어왔다. 텍사스를 미국 연방에 편입시킨 방법을 하와이에도 그대로 적용한 것이다. 미국 이민자들의 수는 급격히 늘어나 자연스럽게 발언권도 커졌다. 하지만 원주민들의 권익은 철저히 차별을 받았다. 백인들은 정치에 참여할 수 있는 참정권을 확보했지만, 원주민들의 참정권은 일정 소득을 가진 사람들에게만 부여됐다. 이뿐만 아니라 학교에서는 원주민들이 식인 풍습과 영아 살해를 즐겼고, 미국인들이 독재 왕권에 억압을 받는 원주민을 해방시키기 위해 하와이에 왔다고 가르쳤다.

제국주의가 세계에서 맹위를 떨치던 무렵, 하와이의 마지막 국왕인 릴리우오칼라니 여왕이 사탕수수 농장을 국유화하겠다고 선언하자 미 정부는 해군을 파병하여 왕궁 앞에서 무력시위에 들어갔다. 마침내 여왕은 권좌에서 축출되고 미국 출신의 이주자들은 공화국

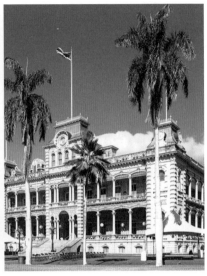

▲ 하와이의 마지막 국왕이었던 릴리우 오칼라니 여왕.

▲ 하와이 국왕이 거처했던 이올라니 궁전은 훗날 하와이 공화국 청사로 바뀌었다.

을 선포했다. 그리고 이후 1959년 미 정부는 하와이 공화국이 미연방에 가입을 원한다는 이유로 하와이를 미국의 50번째 주로 편입시켰다. 유구한 역사를 가진 하와이 왕국은 이렇게 제국주의의 희생양이 됐다.

알로하 정신이 남아 있는 하와이주

하와이주의 별명은 알로하Aloha 주다. 알로하는 만날 때나 헤어질 때

하와이 왕국은 사라졌지만 알로하 정신은 사라지지 않았다.

하는 하와이 인사말이다. 하와이주 정부는 '알로하 정신Aloha Spirit'이라는 개념을 법에 명시하고 있다. 알로하 정신이란 정신과 마음의 조화를 통하여 각자의 본모습을 찾아가는 것을 말한다. 하와이인들에게 알로하는 인사 이상의 의미를 지닌 말이다. 알로하는 상호 간의 관심이자 대가 없이 상대방에게 표현하는 따뜻한 마음으로, 공동체 관계의 핵심이다. 하와이 사람들은 들리지 않는 것을 듣고, 보이지 않는 것을 보고, 알지 못하는 것을 알 수 있게 해주는 것이 알로하 정신이라고 말한다. 비록 제국주의 시대의 희생양이 된 하와이 왕국은 역사 뒤로 사라졌지만, 여전히 하와이주에는 알로하 정신이 깃든 독특한 문화가 남아 있다.

주

1 앤드레 모루아, 《미국사》, 신용석 옮김, 김영사, 2015.

2 존 H. 엘리엇, 《대서양의 두 제국》, 김원중 옮김, 그린비, 2017.

3 프란시스 휘트니, 《미국의 역사》, 이경식 옮김, 미국국무부, 2016.

4 폴 존슨, 《미국인의 역사 1》, 명병훈 옮김, 살림, 2016.

5 강준만, 《미국사 산책》, 인물과사상사, 2010.

6 프란시스 휘트니, 《미국의 역사》, 이경식 옮김, 미국국무부, 2016.

7 5세 이상의 미국인들이 집에서 모국어로 사용하는 언어의 구성 비율을 가리킨다.

8 "“자유가 아니면 죽음" 뉴햄프셔주(2)", 《VOA》, 2018.11.22.

9 "로드아일랜드의 앞선 노예제 폐지(6.13)", 《한국일보》, 2019.06.13.

10 손동호, 《세계 민담 전집 11-미국》, 황금가지, 2005.

11 "'인류최초 비행' 노스캐롤라이나", 《VOA》, 2017.08.30.

12 폴 존슨, 《미국인의 역사 1》, 명병훈 옮김, 살림, 2016.

13 프란시스 휘트니, 《미국의 역사》, 이경식 옮김, 미국국무부, 2016.

14 마거릿 미첼, 《바람과 함께 사라지다》, 안정효 옮김, 열린책들, 2010.

15 김봉중, 《이만큼 가까운 미국》, 창비, 2016.

16 "테슬라 vs 에디슨, 끝나지 않은 전류전쟁", 한국전기연구원 블로그, (https://blog.
naver.com/keri_on/221227280591), 2018.03.12.

17 "시민결합/백기철", 《한겨레》, 백기철, 2012. 05. 27.

18 박진빈, 《도시로 보는 미국사》, 책세상, 2016.

19 강준만, 《재미있는 영어 인문학 이야기 1》, 인물과사상사, 2015.

20 강준만, 《재미있는 영어 인문학 이야기 1》, 인물과사상사, 2015.

21 강준만, 《재미있는 영어 인문학 이야기 1》, 인물과사상사, 2015.

22 알렉시스 토크빌, 《미국의 민주주의》, 한길사, 2002.

23 폴 존슨, 《미국인의 역사 1》, 명병훈 옮김, 살림, 2016.

24 폴 존슨, 《미국인의 역사 1》, 명병훈 옮김, 살림, 2016.

25 조셉 캠벨·빌 모이어스, 《신화의 힘》, 이윤기 옮김, 2020.

이미지 출처

22쪽   TownDown, <New Spain>, 2009, Wikipedia.

67쪽   Maplab, Chipmunkdavis, Ichwan Palongengi, <Location of Jersey in Europe>, 2011, Wikipedia.

69쪽   Stripey the crab, <A license plate from New Hampshire>, 2011, Wikipedia.

70쪽   Craig Michaud, <Stark Park in Manchester, New Hampshire>, 2009, Wikipedia.

95쪽   William Segar, <The Ermine Portrait of Elizabeth I of England>, 1585, Hatfield House 소재, Wikipedia.

103쪽   Jschnalzer, <Bethlehem Steel>, 2007, Wikipedia.

163쪽(왼쪽) ThoMiCroN, <Blason de la compagnie Cadillac>, 2015, Wikipedia.

168쪽   BillHart93, <Black Hawk plaque on grave at Iowaville Cemetery>, 2007, Wikipedia.

183쪽   Linda Tanner(goingslo), <White River in Arkansas>, 2008, Wikipedia.

184쪽(위) EvanA123, <Current Arkansas License Plate>, 2016, Wikipedia.

184쪽(아래) <Little Rock Nine>, National Archives, (rediscovering-black-history.blogs. archives.gov/306_psd_65_2826), 2014.

212쪽   Dean Franklin, <The Mount Rushmore Monument>, 2003, Wikipedia.

미국을 만든 50개 주 이야기
이름에 숨겨진 매혹적인 역사를 읽다

초판 1쇄 발행 2021년 2월 10일
초판 10쇄 발행 2024년 6월 21일

지은이 김동섭
펴낸이 성의현
펴낸곳 (주)미래의창

편집주간 김성옥
책임편집 최소혜

출판 신고 2019년 10월 28일 제2019-000291호
주소 서울시 마포구 잔다리로 62-1 미래의창빌딩(서교동 376-15, 5층)
전화 070-8693-1719 **팩스** 0507-0301-1585
홈페이지 www.miraebook.co.kr
ISBN 979-11-972934-6-7 03900

※ 책값은 뒤표지에 있습니다.

생각이 글이 되고, 글이 책이 되는 놀라운 경험. 미래의창과 함께라면 가능합니다.
책을 통해 여러분의 생각과 아이디어를 더 많은 사람들과 공유하시기 바랍니다.
투고메일 togo@miraebook.co.kr (홈페이지와 블로그에서 양식을 다운로드하세요)
제휴 및 기타 문의 ask@miraebook.co.kr